인공지능과 자연어 변주

인공지능총서

인공지능 시대입니다. 기계가 인간의 인지를 대신하고, 사물이 인간을 통하지 않고 다른 사물과 직접 커뮤니케이션합니다. 이에 따른 인간 삶과 문명 변화를 정확히 이해·예측·대응하는 것은 이 시대 우리 모두의 과제입니다. 인공지능총서는 인공지능 기술과 환경의 여러 주제를 10가지 키워드로 정리합니다. 관련 개념과 이론, 학계와 산업계의 쟁점, 우리 일상의 변화를 다룹니다. 인간과 기술의 현재, 미래를 세심히 분석합니다.

일러두기

- 인명, 작품명, 저서명, 개념어 등은 한글과 함께 괄호 안에 해당 국가의 원어를 병기했습니다.
- 외래어 표기는 현행 어문규정의 외래어표기법을 따랐습니다.

처음이세요?

전문가세요?

지금, 큐알 찍으면

- 🎁 AI 입문서 바로 선물
- 📚 당신만의 필독서 추천
- 📖 500권 요약본 공짜
- 🎧 오디오북 무료 사용

인공지능과 자연어 변주

황순희

대한민국, 서울, 커뮤니케이션북스, 2025

인공지능과 자연어 변주

지은이 황순희
펴낸이 박영률

초판 1쇄 펴낸날 2025년 11월 5일

커뮤니케이션북스(주)
출판 등록 2007년 8월 17일 제313-2007-000166호
02880 서울시 성북구 성북로 5-11
전화(02) 7474 001, 팩스(02) 736 5047
commbooks@commbooks.com
www.commbooks.com

ISBN 979-11-430-1421-4 03500

책값은 뒤표지에 표시되어 있습니다.

차례

AI와 자연어의 경계: 변주의 언어, 패턴의 기계 xi

01 맥락 이해와 AI 1

02 언어 사용역과 AI 15

03 신조어와 AI 29

04 코드 스위칭과 AI 41

05 말실수와 AI 53

06 개인어와 AI 67

07 법 언어와 AI 79

08 자기조절 글쓰기와 AI 91

09 목적 지향 말하기와 AI 105

10 언어적 불평등과 AI 117

AI와 자연어의 경계: 변주의 언어, 패턴의 기계

인간의 언어, 자연어(natural language)는 단순한 기호 체계가 아니다. 자연어는 '정교한 규칙들의 집합'이자, 유한한 규칙으로 무한한 문장과 의미를 생성할 수 있는 역동적 규칙 체계다. 또한 자연어는 인간의 사고방식, 감정, 관계, 사회적 위치와 정체성까지 포괄하는 복합적 상호작용의 장(場)이기도 하다. 자연어는 정적인 체계가 아니며 끊임없이 조율되고, 개인화되며, 규칙 속에서도 사회 · 문화적 맥락에 따라 끝없이 변주된다. 이 '변주'야말로 자연어의 고유한 본질이자, AI가 아직 따라잡지 못한 가장 섬세한 층위다. 현재 AI는 자연어를 정교하게 다루지만, 빈도 계산과 패턴 예측이 곧 자연어 이해를 의미하는 것은 아니다.

자연어의 층위와 AI: 이해, 왜곡, 그리고 편향

AI가 자연어를 본격적으로 처리하기 시작한 이후, 학문적 · 사회적 논의는 단순히 기계가 자연어를 '정확히 이해하거나 처리하는가'라는 가능성의 문제를 넘어, 자연어가 기술적으로 어떤 방식으로 처리되는지와 층위별 성능 차이에 주목하게 되었다.

최근 대규모 언어 모델(Large Language Models, LLMs)은 형태 · 통사적 분석과 같은 표면적 처리에서는 높은 성능을 보이지만(Ettinger, 2020), 의미론적 추론이나 화용론적 맥락 이해에서는 여전히 한계를 드러낸다(Bender & Koller, 2020). 또한 AI가 어떤 언어에서 상대적으로 잘 작동하는지와 관련하여, 영어 · 중국어 등 데이터가 풍부한 고자원 언어(high-resource languages)에서 높은 성능을 보이지만 저자원 언어(low-resource languages)는 구조적으로 배제되는 경향을 보인다(Joshi et al., 2020; Ruder et al., 2019). 이러한 논의는 AI 언어 처리 기술이 단순한 기술적 진보를 넘어, 언어적 불평등과 지식 재현(knowledge representation)의 편향 문제를 비판적으로 분석하고 그 영향 범위를 진단하는 데 토대를 제공한다.

이 책 《인공지능과 자연어 변주》는 바로 이러한 질문들에서 출발한다. 이 책은 자연어를 구성하는 다양한 층위—맥락, 언어 표현의 창조성, 변이성, 유연성, 오류, 개별성, 규범성, (글쓰기의) 장르적 규약, 목적성, 불평등—를 중심으로, AI가 자연어를 어떻게 이해하고 처리하며, 때로는 왜곡하고 변주하는지를 살펴본다. 무엇보다 자연어의 본질적 다양성과 복잡성은 AI의 언어 처리 방식과 자주 충돌한다. 이 책은 이러한 차이 속에서 나타나는 언어 사용의 변화, 즉 '변주'의 가능성과 그 한계를 함께 탐구한다. 이 책의 각 장은 자연어의 서로 다른 국면을 다루지만, 이는 단절된 세부 주제의 나열이 아니라 AI라는 기술적 시선을 통해 주제 간 연계성을 고려하여 구성되었다.

AI의 맥락 처리 방식: 통계에서 의미로

자연어 처리(Natural Language Processing, NLP)는 기계(컴퓨터)가 자연어를 이해하고 처리하는 기술로 AI 기술의 핵심 분야 중 하나다. 자연어 처리는 단순한 통계 기반 모델에서 문맥을 동적으로 반영하는 대규모 언어 모델에 이르기까지, 언어 의미 처리 방식에 근본적인 진화를 거듭해 왔다.

자연어 처리의 초기 접근 방식은 백 오브 워즈(bag-of-words, BoW), n-그램 모델과 같이 문맥 정보를 거의 고려하지 않는 통계 기반 모델이었다. 이 방식은 단어들을 고립된 토큰(token)으로 간주하며 주어진 문장에서 특정 단어가 어떤 의미를 갖는지보다 얼마나 자주 등장하는지에 주목한다. 즉 단순한 단어 매칭과 표면적 패턴 인식에 기반한 방식이었다. 이후 Word2Vec(Mikolov et al., 2013)과 GloVe(Pennington et al., 2014)와 같은 임베딩(embedding) 기법이 등장하면서 단어 간 의미 유사성을 벡터(vector) 공간에서 표현할 수 있게 되었다. 하지만 이들 모델도 문맥을 고려하지 않은 채, 각 단어에 하나의 고정된 벡터만을 할당하기 때문에 의미의 유동성과 다의성을 충분히 반영하지 못하는 한계가 있다.

반면 최근 트랜스포머(transformer) 기반 모델(BERT, GPT 등)은 이러한 한계를 극복하고 문맥에 따라 단어의 의미를 동적으로 조정하는 능력을 갖추게 되었다(Devlin et al., 2019). 특히 셀프 어텐션(self-attention) 매커니즘은 문장 내 단어들이 서로를 참조하며 의미를 형성하도록 설계되어, 자연어의 다의성과 맥락성을 효과적으로 반영할 수 있다(Vaswani et al., 2017). 이 구조는 GPT 시리즈(OpenAI), BERT(Devlin et al., 2019), T5(Raffel et al., 2020), PaLM(Chowdhery et al., 2023), Claude(Anthropic), Gemini(Google), LLaMA(Meta) 등 다양한 대규모 언어 모델의 기반이 되었다. 특히 GPT-4 (OpenAI, 2023)는 프롬프트(prompt) 기반 언어 생성과 지시어 수행(instruction-following) 능력에서 탁월한 성

능을 보이며, 인간의 지시어에 반응하는 방식으로 자연어 생성의 현실성을 향상시켰다. 또한 검색 기반 생성(retrieval-augmented generation, RAG) 기법은 외부 지식 기반의 검색-생성 조합을 통해 생성 응답의 정확성을 보완한다(Lewis et al., 2019).

이처럼 대규모 언어 모델은 문맥을 반영하며 복잡한 언어 과제를 처리하는 데 유리한 구조를 갖추기 시작했고, 이러한 특성은 실제 응용 영역에서 더욱 부각된다. 가령 AI 법률 상담에서 사용자의 설명을 연속적으로 추적하여 후속 질문을 생성하고, AI 문서 요약에서는 특정 법률 조항과의 연결성을 반영하여 응답을 생성할 수 있다. 하지만 이러한 처리 역시 본질적으로 패턴 기반의 확률 예측에 기반하고 있어, 환각(hallucination)이나 논리적 비약과 같은 오류에서 자유롭지 않다(Bommasani et al., 2021). 이는 대규모 언어 모델의 성능이 일정 수준의 맥락 반응성을 구현할 수는 있지만, 여전히 의미 구성 주체로서의 이해 능력과는 거리가 있음을 시사한다.

대규모 언어 모델의 자연어 처리 응용

현재 대규모 언어 모델은 질의응답(Q&A), 요약(summarization), 기계 번역(machine translation), 텍스

트 생성, 감성 분석(sentiment analysis) 등 다양한 자연어 처리 과제에서 범용 언어 처리의 기반 역할을 수행한다.

질의응답의 경우, GPT-4(OpenAI)는 백과사전적 지식 · 법률 · 과학 · 일상 대화 등 폭넓은 도메인에서 사용자 요청을 해석하고, 관련 지식을 문맥에 맞게 재구성하여 응답을 생성한다(Kwiatkowski et al., 2019; Rajpurkar et al., 2016). 요약에서는 BART(Lewis et al., 2019)와 T5(Raffel et al., 2020)가 뉴스 기사 · 학술 논문 · 법률 판례와 같은 장문의 텍스트 원문에서 핵심 의미 단위를 추출 · 재구성하여 정보 압축의 효율성을 높인다. 기계 번역 영역에서 mT5(multilingual T5)(Xue et al., 2020)는 다언어 사전 학습을 통해 언어 간 구조적 차이를 보정하고, 저자원 언어 번역에서도 의미 보존을 가능하게 한다. 그리고 텍스트 생성과 감성 분석에서는 GPT 시리즈가 문장 · 대화 · 홍보 문구 · 이메일 등의 초안을 맥락 기반으로 생성하고, 사용자 리뷰나 게시글의 감정 상태를 분류함으로써 자연어 이해(Natural Language Understanding, NLU)와 자연어 생성(Natural Language Generation, NLG)의 통합적 운용을 구현한다. 이처럼 대규모 언어 모델은 단일 기능이 아니라 맥락 이해와 의미 생성의 순환 구조를 통해 다양한 언어 과제를 유기적으로 결합하는 핵심 엔진으로 작동한다.

대규모 언어 모델의 구조적 한계

이러한 기술적 진보에도 불구하고 대규모 언어 모델은 몇 가지 구조적 한계를 지닌다.

먼저 환각은 여전히 해결되지 않은 문제로, 모델이 존재하지 않는 정보를 사실처럼 생성하는 현상이다. 이는 확률 기반 텍스트 생성이라는 foundation model의 구조적 특성에서 비롯되며, 특히 법률 · 의료 · 학술 · 정보검색 등 고정밀 · 고위험 지식 분야에서 심각한 오류를 초래할 수 있다(Bommasani et al., 2021). 또한 문맥의 얕은 처리(shallow contextualization) 문제로 인해 대규모 언어 모델은 문장 수준의 문맥적 의미는 반영할 수 있으나, 문단 · 담화 전반의 논리적 흐름을 일관되게 유지하기는 어렵다. 이는 AI가 맥락을 '이해'하기보다 통계적으로 예측된 문장 조합을 생산하기 때문이다(Maynez et al., 2020). 즉 AI가 생성한 텍스트는 문맥 정보에 부분적으로 반응할 수 있으나, 담화 전반에 걸친 일관된 의미 구성에서는 인간의 언어 능력과 분명한 차이가 있다. 그리고 언어 다양성 결핍은 영어 · 중국어 등 고자원 언어 중심의 학습 구조에서 기인한다. 그 결과 저자원 언어에서는 성능이 급감하며, 다국어 벤치마크(예. XTREME)에서도 심각한 격차가 확인되었다(Hu et al., 2020). 이는 AI가 언어를 공평하게 다루지 못하고 언어적 불평등을 재생산할 위험을 내포한다.

결국 대규모 언어 모델은 사실성 왜곡, 맥락 이해 한계, 언어 불평등 재생산이라는 구조적 문제를 안고 있으며, 이는 향후 자연어 처리 발전에서 반드시 해결해야 할 핵심 과제다.

이 책의 구성

이 책은 총 10개의 장으로 구성되며, 각 장은 유관 최신 연구를 바탕으로 주제별 성과와 한계, 도전 과제를 간략히 제시하고 향후 전망을 종합한다.

이 책은 AI가 자연어를 이해하고 생성하며, 때로 왜곡하는 과정에 관심을 갖는 모든 독자를 위한 책이다. 특히 AI와 자연어 간의 상호작용에 대한 통찰을 모색하는 입문자와 학부생, 관련 교과목을 운영하는 교수자, 더 나아가 자연어의 다층적 특성과 AI 기술의 한계를 균형 있게 이해하고자 하는 대학원생과 예비 연구자에게도 기초적 관점과 통찰을 제공할 수 있을 것이다. 이 책의 각 장은 개별 언어 현상과 이에 대한 AI 자연어 처리 능력을 탐구한다. 특히 이들 장은 단순히 병렬적으로 나열된 것이 아니라, 세 가지 주제 축을 중심으로 유기적으로 연결된다.

1부(1～2장)는 맥락과 의미 구성을 다룬다. 1장은 의미 구성의 다층성과 AI의 맥락 이해 한계를 분석하며, 기계의 확률 기반 해석 구조를 검토한다. 2장은 사회적 맥락에 따라 달라지는 언어 사용역(language register)의 개념과 AI의 처리 능력 · 제약을 논의한다.

특히 '맥락'은 이 책 전반을 관통하는 핵심 개념이다. 사회적 맥락이 중요한 언어 사용역(2장), 사회 · 문화적 맥락이 핵심인 신조어(3장)와 코드 스위칭(code-switching)(4장), 심리 · 상황적 맥락이 결정적인 말실수(speech errors, slips of tongue)(5장), 규범 · 제도적 맥락이 작동하는 법 언어(7장)처럼, 맥락 의존성이 높은 언어 현상은 '맥락' 이해 없이는 의미 파악이 어렵다. 또한 개인어(idiolect)(6장)는 특정 화자의 경험과 배경이라는 개별 맥락을 반영하며, 자기조절 글쓰기(8장)와 목적 지향 말하기(9장)는 담화 목적과 독자 · 청중 맥락에 대한 고려가 필수적이다. 그리고 언어적 불평등(10장)은 AI가 어떤 맥락에서 어떤 언어를 우선시하거나 배제하는지를 통해 권력과 재현의 문제를 제시한다.

2부(3～6장)는 자연어의 유연성과 변이성에 대한 AI

의 대응을 탐구한다. 3장은 신조어의 생성 원리와 AI의 문화 맥락 결핍 문제를, 4장은 다중언어 화자의 코드 스위칭과 AI의 언어 경계 처리 한계를 다룬다. 5장은 말실수에 반영된 심리적 · 상황적 맥락의 AI 처리 문제를, 6장은 개인어를 통해 개별적 맥락과 정체성 표현, 그리고 AI의 개인화 한계를 고찰한다.

3부(7~10장)는 자연어의 규범성, 목적성, 그리고 언어적 불평등을 주제로 한다. 7장은 법 언어의 규범적 · 제도적 맥락 처리와 AI의 법 해석 한계를, 8장은 자기조절 글쓰기에서 AI의 인지 · 정서 · 행동 전략 지원의 가능성과 한계를, 9장은 목적 지향 말하기에서 AI의 역할, AI 리터러시(literacy)와 피드백 리터러시(feedback literacy)의 중요성을 강조한다. AI 피드백의 효과는 단순 정보 제공이 아니라, 사용자가 이를 어떻게 해석 · 수용하느냐에 달려 있기 때문이다. 10장은 언어 자원 편중, 데이터 편향 등 AI가 언어적 불평등을 재현 · 강화하는 문제를 검토한다. 이 책의 각 장은 독립적으로 읽을 수 있으나, 맥락 · 변이 · 규범이라는 세 축을 따라 유기적으로 연결되어 있다. 이를 통해 독자는 AI가 자연어를 단순 처리하는 도구를 넘어, 인간의 언어와 사고, 심리 · 사회 · 문화적 맥락을 어떻게 재구성하는지 통찰할 수 있을 것이다.

아울러 이 책에서 참고하고 인용한 문헌은 언어학 분야의 고전적 저술과 AI 및 자연어 처리(NLP) 분야에서 영향력 있는 최신 연구를 포함한다. 특히 AI와 NLP 분야 특성상 일부 문헌은 프리프린트(preprint)나 국제학술대회 프로시딩스(proceedings) 형태로 발표된 자료가 포함되었다. 이들 자료는 기술적 정합성, 인용 빈도, 영향력 측면에서 저명 학술지 논문에 준하는 학술적 가치가 높은 경우가 대부분이다. 이에 이 책은 국제적으로 높은 인용도를 기록한 주요 문헌을 신중히 선별·활용하고 인용하였으므로, 독자들께서는 이들 자료를 해당 분야 현장 중심 기술 문헌으로 이해해 주시길 바란다.

참고문헌

황순희(2025). 《AI와 자연 언어》. 커뮤니케이션북스.

Bender, E. M. & Koller, A.(2020). Climbing towards NLU: On meaning, form, and understanding in the age of data. *Proceedings of the 58th annual meeting of the association for computational linguistics*, pp.5185~5198.

Bommasani, R. et al.(2021). On the opportunities and risks of foundation models. arXiv preprint arXiv:2108.07258.

Chowdhery, A. et al.(2023). Palm: Scaling language modeling with pathways. *Journal of Machine Learning Research,*

24(1), 240, pp.11324~11436.

Devlin, J. et al.(2019). BERT: Pre-training of deep bidirectional transformers for language understanding. *Proceedings of the 2019 Conference of the North American Chapter of the Association for Computational Linguistics: Human Language Technologies, 1* (Long and Short Papers), pp.4171~4186. Association for Computational Linguistics.

Ettinger, A.(2020). What BERT is not: Lessons from a new suite of psycholinguistic diagnostics for language models. *Transactions of the Association for Computational Linguistics, 8*, pp.34~48.

Hu, J. et al.(2020). Xtreme: A massively multilingual multi-task benchmark for evaluating cross-lingual generalisation. *International conference on machine learning*, pp.4411~4421. PMLR.

Joshi, P. et al.(2020). The state and fate of linguistic diversity and inclusion in the NLP world. arXiv preprint arXiv:2004.09095.

Kwiatkowski, T. et al.(2019). Natural questions: a benchmark for question answering research. *Transactions of the Association for Computational Linguistics, 7*, pp.453~466.

Lewis, M. et al.(2019). BART: Denoising sequence-to-sequence pre-training for natural language generation, translation, and comprehension. arXiv preprint arXiv:1910.13461.

Maynez, J. et al.(2020). On faithfulness and factuality in abstractive summarization. arXiv preprint arXiv:2005.00661.

Mikolov, T. et al.(2013). Efficient estimation of word representations in vector space. arXiv preprint arXiv:1301.3781.

OpenAI(2023). GPT-4 Technical Report. https://openai.com/research/gpt-4

Pennington, J. et al.(2014). Glove: Global vectors for word representation. *Proceedings of the 2014 conference on empirical methods in natural language processing (EMNLP)*, pp.1532~1543.

Raffel, C. et al.(2020). Exploring the limits of transfer learning with a unified text-to-text transformer. *Journal of Machine Learning Research, 21*(1), 140, pp.5485~5551.

Rajpurkar, P. et al.(2016). Squad: 100,000+ questions for machine comprehension of text. arXiv preprint arXiv:1606.05250.

Ruder, S. et al.(2019). A survey of cross-lingual word embedding models. *Journal of Artificial Intelligence Research, 65*, pp.569~631.

Vaswani, A. et al.(2017). Attention is all you need. *Advances in Neural Information Processing Systems (NeurIPS 2017), 30*, pp.5998~6008.

Xue, L. et al.(2020). mT5: A massively multilingual pre-trained text-to-text transformer. arXiv preprint arXiv:2010.11934.

01
맥락 이해와 AI

단어나 문장은 결코 단독으로 존재하지 않는다. 같은 어휘, 문장이라도 화자, 상황, 앞뒤 말의 흐름(문맥), 맥락 등에 따라 전혀 다른 의미를 지닌다. “그럴 수도 있지 뭘 그래”가 ‘위로’로 들리지만, 때론 ‘비꼼’으로 해석되는 것은 의미가 언제나 텍스트 ‘바깥’에 놓인 ‘무언가’와 함께 완성되기 때문이다. AI가 이 ‘바깥’, 즉 ‘맥락’을 제대로 처리하기 어려운 이유는 의미가 다층적으로 구성되며, 다양한 다중 모달 정보와 긴밀히 연결되기 때문이다.

기후 위기와 인공지능?

AI의 자연어 해석: 이해인가 예측인가

인간과 AI가 맥락(context)을 이해하는 방식은 서로 다르다. 인간은 단어나 문장을 단독으로 이해하지 않고 전체 맥락 속에서 의미를 이해 · 해석한다. 반면 AI는 확률 기반으로 단어 간의 관계를 예측하며, 통계적 패턴에 기반해 가장 그럴듯한 응답을 생성한다. "커피를 쏟았으니 빗자루 가져와"와 "커피를 쏟았으니 걸레 가져와"를 인간과 기계는 어떻게 이해할까?

언어의 의미가 구성되는 환경을 설명할 때, '문맥'(co-text, linguistic context)과 '맥락'이 자주 혼용되지만 이 둘은 서로 구별된다. '문맥'은 특정 단어나 문장이 위치한 주변의 언어적 정보로, 인접한 단어 · 구 · 문장 등으로 구성된다. 반면 '맥락'은 화자와 청자의 정체성, 발화가 이루어지는 시 · 공간, 사회적 관계, 대화의 목적, 이전 담화 내용 등까지 포괄하는 더 넓은 해석 환경이다(Levinson, 1983). 즉 '문맥'은 '맥락'의 하위 범주며, '맥락'은 언어 사용의 전반적 상황을 아우른다. 맥락은 다시 언어학적으로 문법적 · 의미적 · 화용적 맥락으로 분류될 수 있고, 이 외에 심층적 맥락으로 대화 맥락, 사회 · 문화적 맥락(예. 관용어, 은유, 암묵적 지식 등), 상황적 맥락(발화자의 의도, 시 · 공간, 사회적 관계 등) 등도 고려할 수 있다.

언어는 고립된 규칙이나 기호의 단순 나열이 아니라, 사용 '맥락'에 따라 의미가 달라질 수 있는 유연한 체계다. 가령 "잘했어"가 실제로 '칭찬'일 수 있지만, 상황에 따라 '비난'이나 '조롱'(반어법)일 수도 있다. 이러한 다양한 해석 가능성은 맥락에 대한 이해 없이는 불가능하다. 더 나아가 화자가 명시적으로 표현하지 않은 의미(함축, implicature)마저 청자는 맥락을 바탕으로 추론할 수 있으며, 이러한 해석의 유연성과 함축의 작용은 자연어의 복잡성을 잘 반영한다(Grice, 1975). 이처럼 맥락은 단순한 문장의 주변 정보를 넘어 다양하고 복합적인 환경으로 의미 해석과 불가분의 관계에 있다(Levinson, 1983).

현재 GPT와 같은 대규모 언어 모델은 방대한 텍스트 데이터에서 확률적으로 가장 그럴듯한 단어 시퀀스(sequence)를 예측하는 방식으로 작동하며, 그 결과 매우 자연스러운 언어 출력을 생성한다(Brown et al., 2020; Radford et al., 2019). 특히 최근에는 사고 연쇄 프롬프트(chain-of-thought prompting)를 통해 단계적 추론을 유도하거나(Wei et al., 2022), 긴 문맥 창(long-context) 메커니즘으로 수천 개 토큰(token)에 달하는 문맥을 유지하며, 다중 모달(multi-modal) 학습 확장을 통해 시각·음성 정보까지 처리할 수 있게 되었다(OpenAI, 2023; Touvron et al., 2023).

이러한 기술적 진보는 AI가 마치 '맥락'을 이해하고 의미를 적절하게 구성하는 것처럼 보이게 한다. 하지만 실제로 AI의 언어 생성 능력은 고도로 발달한 통계적 추정에 가깝다. 즉 AI는 언어의 표면적 패턴에 기반해 응답을 생성할 뿐, 의도나 개념을 구성하거나 사회적 의미를 추론하는 능력은 갖추지 못했다. 결국 벤더 등(Bender et al., 2021)이 제기한 "AI는 통계적 앵무새(stochastic parrots)에 불과한가?"라는 질문은 여전히 유효하며, 오늘날 AI의 언어 생성 능력이 '이해'가 아닌 '예측'과 '모방'에 가까운 것임을 상기시킨다.

인간의 맥락 이해와 AI의 맥락 처리: 차이와 과제

인간의 자연어 이해는 문자 정보에만 의존하지 않고, 무엇보다 억양·발화 속도·표정·몸짓과 같은 비언어적 신호, 발화가 이루어지는 상황적 맥락, 문화적 배경, 사회적 관계 등 다층적 의미 구성 요소에 기반한다. 반면 AI는 비언어적 단서가 결여된 상태에서 확률적 추론에 기반해 의미를 구성하므로 해석 과정에 구조적 한계를 지닌다.

이러한 차이는 특히 비유적 표현, 중의적 표현, 다의어(polysemy), 구어체, 반어(irony, sarcasm), 풍자(satire), 농담 그리고 대화 맥락 유지 실패(이전 발화 망각) 등에서 두드러진다. 앞선 예문 "커피를 쏟았으니 걸레 가져와"와 "커피를 쏟았으니 빗자루 가져와"에서 인간은 '커피'가 액체인지, 가루인지를 맥락에 따라 유추하여 도구 선택의 적절성을 판단하지만, AI는 그러한 판단을 내리지 못한다. 대규모 언어 모델은 과거 학습한 텍스트에서 자주 등장한 어휘 조합 - 가령 '커피+걸레'는 액체, '커피+빗자루'는 가루(커피 가루 또는 커피 빈) - 의 통계적 연관성에 따라 가장 가능성 높은 응답을 생성할 뿐이다. 이는 본질적인 의미 구성이 아니라 표면적 패턴에 기반한 그럴듯한 예측의 결과다.

다의어 처리에서도 유사한 한계가 나타난다. AI는 문맥 정보가 부족하거나 프롬프트가 제한적일 경우, 해당 단어의 '지배적' 의미에 과도하게 의존하는 경향이 있다. 가령 "He went to the bank"에서 문맥이 충분하지 않으면 'bank'가 실제로 '강둑'을 의미하는 경우에도 '은행'으로 잘못 해석될 수 있다(Bender & Koller, 2020). 이러한 오류는 AI가 언어적 문맥 없이 작동할 경우, 가장 빈번하게 출현하는 의미를 통계적으로 선택하는 경향에서 비롯된다. 즉 AI는 의미 결정 과정에서 다양한 가능성을 고려하기보다 확률적으로 가장 가능성 높은 의미를 우선 적용하는 구조를 따른다.

구어체 표현 처리에도 오류가 빈번하다. 가령 "발표 참 잘했네?"가 실제로 '비꼼'인데 이를 문자 그대로 '칭찬'으로 해석하는 경우다. AI가 구어체 발화에 내재된 화용적 의미(pragmatic meaning)나 사회적 함의를 제대로 해석하지 못하면, 관계 왜곡이나 사회적 편향(social bias)으로 이어질 수도 있다(Sap et al., 2020).

또한 AI는 이전 발화를 충분히 반영하지 못한 채 단절된 응답을 생성하는 경우도 많다. 이는 언어 모델이 한 번에 처리할 수 있는 문맥 창(context window)의 길이에 따른 구조적 제약 때문이다. GPT-4와 같은 최신 모델은 수만 개의 토큰까지 문맥을 처리할 수 있지만(GPT-4-turbo는 최대 12만 8000 tokens), 여전히 장기 담화의 연속성과 인과 관계를 일관되게 유지하는 데 한계가 있다(Wei et al., 2022). 그 결과 대화 중 주제가 전환되거나 질문이 반복될 경우, 초기 발화와 연결되지 않는 응답이 생성될 수 있다.

그리고 "이거 진짜 웃기다"와 같이 반어나 풍자 표현에 대한 해석 실패 역시 대표적인 맥락 이해 오류다. 최신 대규모 언어 모델들조차 반어적 표현을 문자적 의미로 해석하거나, 반어 여부 자체를 인식하지 못하는 사례가 반복적으로 보고되고 있다(Zhang et al., 2024). 이는 반어적 표현이 직관과 사회·문화적 맥락 이해를 필요로 하는 고차원적 추론의 산물이기 때문이다.

AI의 진정한 맥락 이해 구현: 예측을 넘어 세계 이해로

AI가 인간 수준의 맥락 이해에 도달하려면 단순히 방대한 텍스트 데이터 처리 능력을 넘어서야 한다. 이는 자연어의 의미가 궁극적으로 세계에 대한 지각적 경험과 사회적 상호작용을 통해 구성되기 때문이다.

그러나 현재의 자연어 처리 모델은 기본적으로 텍스트 기반 세계(text-only world)에 갇혀 있으며, 물리적·사회적 환경에 대한 직접적 경험 없이 학습된다. 따라서 AI가 진정으로 자연어를 '이해'하려면, 언어 모델이 작동하는 환경을 단순한 텍스트 처리 범위인 World Scope (WS) 1-2에서, 지각(WS3), 행동(WS4), 사회적 맥락(WS5)으로 확장해야 한다(Bisk et al., 2020). "You can't learn language from the radio(라디오만 듣고는 언어를 배울 수 없다!)." 즉 언어는 단순히 들은 말을 흉내 내는 것이 아니라, 현실 세계와의 감각적 · 상호작용적 접촉을 통해 의미가 획득된다. 결국 AI가 언어 의미를 구성 · 해석하는 존재로 진화하려면 세계에 대한 지각(perception), 행동(action), 사회적 상호작용(social interaction)을 통합한 학습 설계가 필수적이다. 이는 단순한 성능 향상을 넘어 언어와 사고의 본질을 모방하려는 AI 연구의 궁극적 과제일 것이다.

현재의 딥러닝 기반 언어 모델은 이러한 삶의 맥락이 제거된 상태에서 확률적 예측에는 능하지만, 인간이 지닌 고유한 인지 능력인 구성력(compositionality), 인과 추론(causal reasoning), 직관(intuition) 등은 갖추지 못했다(Lake et al., 2017). 반면 인간은 단 몇 개의 문장 · 발화만으로도 새로운 의미를 구성하고, 상황을 추론하며, 복잡한 관계를 해석할 수 있다. 이러한 능력은 단순한 데이터 축적만으로 구현되지 않으며 개념 형성과 일반화 능력에 기반한 의미 구성 구조가 필요하다. AI가 자연어와 의미를 심층적으로 이해하려면 몇 가지 학습 방향이 제안될 수 있다.

첫째, 다중 모달 학습(multi-modal learning)은 텍스

트 외에 이미지 · 음성 · 동작 등 다양한 감각적 데이터를 통합하여, AI가 보다 풍부하고 실세계에 가까운 의미를 경험적으로 구성할 수 있게 한다(Lin et al., 2023). 이는 인간이 시각 · 청각 · 촉각 등의 감각 정보를 통합해 언어를 이해하는 방식과 유사하다. 이러한 학습을 통해 AI는 문장 간 통계적 연관성의 한계를 넘어서, 사물의 형상 · 소리 · 동작 등 실세계와 연결된 경험 기반의 의미 구성 능력을 획득할 수 있다. 가령 "컵을 들었다"가 실제로 어떤 동작과 사물을 뜻하는지를 시각 · 동작 정보와 함께 학습함으로써, AI의 언어 해석이 보다 실제적 의미와 연결될 수 있다.

둘째, 체화된 인공지능(Embodied AI)은 물리적 환경(실세계 또는 시뮬레이션)에서 신체나 로봇과 같은 '몸'을 활용해 사물과 실제로 상호작용하며, 그 과정을 통해 의미를 경험적으로 학습 · 내면화하는 AI의 한 형태다(Dong et al., 2025). 인간이 언어를 습득 · 학습할 때 글을 읽거나 말소리를 듣는 것뿐만 아니라 행동을 통해 의미와 용법을 체득하듯이, 체화된 AI도 특정 표현이 어떤 상황과 결과를 동반하는지 직접 체험하며 언어를 이해하는 것이다. 가령 로봇이 직접 물건을 옮기거나 집는 행동, 복잡한 장애물을 피하는 동작 등을 실제 경험(실험,

시행착오, 피드백, 실패 등)을 통해 반복함으로써 몸으로 배운다. 이 과정에서 실제 언어 사용 조건(명령 · 설명 · 상황 · 맥락 등) 역시 직접적인 상호작용과 경험을 통해 학습된다.

셋째, 사회적 상호작용 기반 학습은 AI가 인간과의 대화 · 피드백 · 오해 · 수정 · 협상 등 사회적 경험을 반복적 · 동적 · 양방향적으로 축적하며, 의미가 고정된 결과가 아니라 상호 조율되는 과정임을 경험적으로 학습하는 방식이다(Korbak, 2024). 인간은 의미를 대화 속에서 협상하며 동적으로 구성한다. 가령 어떤 단어를 잘못 사용했을 때 상대가 바로잡아 주면, 인간은 그 맥락을 통해 새로운 의미를 학습한다. AI도 단순히 정답 생성에 그치지 않고, 상호작용(대화 · 피드백 · 수정 등)을 통해 동적 의미 구성 과정을 경험적으로 학습해야 한다.

넷째, 상식과 인과 추론의 내재화는 AI가 단순히 단어 간의 통계적 연관성 파악에 그치지 않고, 의도 · 목적 · 결과 · 맥락 등 실세계의 복합적 구조를 인식 · 추론 · 설명할 수 있도록 학습하는 방식이다(Wei et al., 2022). 가령 "그는 비에 젖은 우산을 접고 방에 들어왔다"에서 AI는 '밖에 비가 왔다'는 배경 지식을 추론할 수 있어야 한다. 인간이 별도의 설명 없이도 상식과 인과 관계를 통해 맥락을 자연스럽게 추론하듯이 AI도 맥락 추론이 필요하다. AI가 진정한 의미 이해에 도달하려면 행동의 목적, 상황 간 인과관계, 결과 예측 등 복합적인 인지적 추론 능력을 내재화해야 한다.

현재 대규모 언어 모델은 상당히 정교한 언어 처리 및 생성 능력을 보이지만, 그 이해는 인간의 인지 과정을 본질적으로 모사한 것이 아니다. 진정한 의미·맥락 이해 능력을 획득하려면 데이터 양이나 모델 크기의 확장을 넘어, 언어가 실제로 사용되는 환경과 감각적·행동적·사회적 접촉을 반영하는 학습 구조가 필수적이다. 이는 단순한 기술적 성능 향상이 아니라 자연어와 사고, 인지 과정의 본질을 탐구하는 인문학적·인지과학적·철학적 도전 과제이기도 하다.

참고문헌

Bender, E. M. & Koller, A.(2020). Climbing towards NLU: On meaning, form, and understanding in the age of data. *Proceedings of the 58th annual meeting of the association for computational linguistics*, pp.5185~5198.

Bender, E. M. et al.(2021). On the dangers of stochastic parrots: Can language models be too big?. *Proceedings of the 2021 ACM conference on fairness, accountability, and transparency*, pp.610~623.

Bisk, Y. et al.(2020). Experience Grounds Language. arXiv preprint arXiv:2004.10151.

Brown, T. et al.(2020). Language models are few-shot learners. *Advances in neural information processing systems, 33*, pp.1877~1901.

Dong, Z. et al.(2025). EmbodiedMAE: A Unified 3D Multi-Modal Representation for Robot Manipulation. arXiv preprint arXiv:2505.10105.

Grice, H. P.(1975). Logic and conversation. In Cole, P. & Morgan, J. L.(eds.). *Syntax and semantics* (Vol. 3), pp.41~58. Academic Press.

Korbak, T.(2024). Aligning language models with human preferences. arXiv preprint arXiv:2404.12150.

Lake, B. M. et al.(2017). Building machines that learn and think like people. *Behavioral and Brain Sciences, 40*, e253.

Levinson, S. C.(1983). *Pragmatics*. Cambridge University Press.

Lin, B. Y. et al.(2023). On grounded planning for embodied tasks with language models. *Proceedings of the AAAI Conference on Artificial Intelligence, 37*(11), pp.13192~13200.

OpenAI(2023). GPT-4 Technical Report. https://openai.com/research/gpt-4

Radford, A. et al.(2019). Language models are unsupervised multitask learners. *OpenAI*.

Sap, M. et al.(2020). Social bias frames: Reasoning about social and power implications of language. *Proceedings of ACL 2020*, pp.5477~5490.

Touvron, H. et al.(2023). Llama: Open and efficient foundation language models. arXiv preprint arXiv:2302.13971.

Wei, J. et al.(2022). Chain-of-thought prompting elicits

reasoning in large language models. *Advances in neural information processing systems, 35*, pp.24824~24837.
Zhang, Y. et al.(2024). SarcasmBench: Towards Evaluating Large Language Models on Sarcasm Understanding. arXiv preprint arXiv:2408.11319.

02
언어 사용역과 AI

카페에서 친구와 나누는 말과 법정에서 쓰는 말은 같은 언어라도 전혀 다른 목적, 문체와 규범을 갖는다. 우리는 사회적 맥락에 따라 자연스럽게 언어를 조정하고, 문체를 전환한다. AI는 언어 사용역의 차이를 이해하고 섬세하게 구분할 수 있는가? AI 언어 모델은 훈련 데이터 문체의 영향을 받는다. 현재, 스타일 전이나 사용역 분류와 같은 기술은 문체적 차이를 일정 수준까지 반영하지만, 표면적 언어 특성에 의존하여 맥락의 기능과 발화 목적까지 파악하는 데는 한계가 있다.

노래하는 AI 보컬?

AI의 다층적 언어 맥락 처리 한계: 사용역 부조화와 의미 불일치

언어의 의미는 '무엇을 말하는가'[영역 · 장(場), field], '누가 누구에게 말하는가'(관계, tenor), '어떤 방식으로 말하는가'(양식, mode)로 구성되는 사회적 맥락 속에서 완성된다(Halliday, 1978).

가령 같은 개념(예. '돈')이라도 경제 · 금융 보고서에서는 '자금', '현금', 일상 대화에서는 '돈'으로, 청소년끼리나 온라인 커뮤니티에서는 '쩐' 등으로 표현 방식이 달라진다. 또한 화자 · 청자의 관계가 상사-부하인지, 친구인지에 따라(예. '정산 부탁드립니다' vs. '돈 좀 보내 줘'), 문자 · 음성 · 대면 등 의사소통 양식에 따라[예. '송금 요청드립니다'(문어) vs. '돈 좀 쏴 줘'(구어)] 표현이 달라진다. 이처럼 영역 · 관계 · 양식의 세 요소는 어휘 선택, 문장 구조와 길이, 억양 등 언어 표현 양식 전반에 직접적인 영향을 미친다(황순희, 2007, 2018). 따라서 동일한 대상을 지칭하더라도 사회적 맥락에 따라 어휘 선택과 언어적 기능이 달라지며(예. '경찰-짭새', '어린이-아이-녀석' 등), 이러한 차이를 설명하는 개념이 언어 사용역(language register)으로, 언어 사용에 따른 변이(use-related variation)를 뜻한다(Hatim & Mason, 1990:

39). 언어 사용역은 언어가 상황 · 목적 · 장르에 따라 어떻게 달리 구성되는지를 체계적으로 설명하는 이론적 틀이다(Biber & Conrad, 2019; Halliday, 1978).

언어 사용역은 AI의 자연어 처리와 생성에서도 핵심적 고려 요소 중 하나다. GPT, BERT, T5와 같은 대규모 언어 모델들은 방대한 텍스트 학습을 통해 다양한 사용역의 부분적 처리 가능성을 제시했지만 그 온전한 처리에는 여전히 어려움이 크다. 특히 음성 처리 AI(Speech-to-Text, STT; Text-to-Speech, TTS)는 구어체를 정확히 처리하기 어렵다. 구어체에는 "이거 뭐야?", "이게 뭐람?", "이것 좀 봐봐"와 같이 문법적으로 덜 정형화되고 일관되지 않은 표현이 많기 때문이다. 또한 "이거 개쩐다", "그건 좀 에바야", "노잼", "그 강의, 찐 개꿀이야"와 같은 은어 · 신어 · 속어 및 관련 표현들은 비표준적 · 비공식적 언어 사용역의 대표적 사례로, 특정 세대 · 집단에서만 주로 통용되는 사회언어학적 변이다. 이들 표현은 대개 구어체 특성을 가지며 SNS, 게임, 청소년 담화 등 비공식적 커뮤니케이션 환경에서 자주 사용된다. 문제는 이들 표현이 맥락 의존성이 높기 때문에, 표준어 중심의 대규모 언어 코퍼스(corpus)에 충분히 반영되지 않은 경우 AI가 그 의미를 정확히 학습하거나 생성하기 어렵다는 점이다.

결과적으로 AI의 정확한 해석, 자연스러운 생성이 어려워지고 사용역 부조화(register mismatch)나 의미 불일치, 의미적 불충실(semantic unfaithfulness)과 같은 오류가 발생할 수 있다(Grieve et al., 2025; Henriksson et al., 2024; Pescuma et al., 2023).

AI의 언어 사용역 판단 실패: 고위험 분야에서 정확성과 신뢰성 저해

언어 사용역에 대한 AI의 오판은 기술적 한계를 넘어, 법률 · 의료 · 학술 등 고위험(high-stakes) 분야에서 심각한 의사소통 오류, 제도적 담화의 본질 훼손 우려 및 신뢰 저하로 이어질 수 있다(Bommasani et al., 2021; Grieve et al., 2025; Harrison & Sidey-Gibbons, 2021). 더 나아가 이러한 오류가 법률 소송 패소, 의료 사고, 학술적 피해 등 법적 · 사회적 손실로 확산될 가능성도 존재한다(Bommasani et al., 2021).

AI가 공식적 · 비공식적(일상적) 어투의 경계를 제대로 인식하지 못해 상황에 맞지 않게 지나치게 격식적이거나, 반대로 과도하게 비격식적인 응답을 생성할 수 있다. 이는 사용역 판단이 단순한 어휘 선택이 아니라, 사회적 맥락에 대한 깊은 이해를 필요로 하는 인지 과정이기 때문이다. 실제로 AI 생성 텍스트에서 가장 빈번하게 나타나는 오류 중 하나는 맥락에 맞지 않는 어조나 스타일의 사용, 즉 언어 사용역 부조화다(Bitton et al., 2025; Shen et al., 2017). 이러한 위험은 법률·의료· 학술 등 특정 도메인의 전문적 맥락에서 인간 전문가가 사용하는 용어, 논리 구조, 표현 방식 등을 AI가 충분히 반영하지 못할 때 더욱 심각해진다.

가령 AI 법률 질의응답에서 AI는 법적 문맥에 대한 이해 부족, 관련 조항 누락, 논리적 추론 미흡, 일반적인 응답 어조 등의 문제가 자주 발생한다. 실제로 법률 대규모 언어 모델의 질의응답 정확도는 28% 내외로, 인간 전문가(81%)와 비전문가(64%)에 비해 현저히 낮았다(Zhong et al., 2020). 이는 AI가 법률 용어의 의미적·문맥적 뉘앙스, 판례·조문의 복합적 적용, 추상적 논증 구조 등을 제대로 학습하지 못하고, 법 언어 사용역의 규범을 충분히 인식·구현하지 못했기 때문으로 해석된다. 의료 자연어 처리(clinical NLP) 영역도 예외가 아니다. BERT 등 딥러닝 기반 모델이 임상 텍스트 요약, 엔티티(entity) 추출 시, 전문 의학 용어 누락, 임상적 맥락 오해, 표현의 비일관성 등 기술적 한계가 관찰된다(Hasan

& Farri, 2019). 또한 AI의 학술 요약(summarization)에서도 잘못된 어조 사용이나, 원문의 핵심 내용을 정확히 반영하지 못한 채 모호하거나 범용적 표현의 반복 사용은 독자의 신뢰 저하를 초래한다(Maynez et al., 2020; Pagnoni et al., 2021).

AI의 언어 사용역 처리: 기술, 한계, 그리고 맥락 기반 진화

AI의 언어 사용역 처리에는 코퍼스 기반 학습, 스타일 전이(style transfer), 미세 조정(fine-tuning), 사용역 분류 모델(register classification) 등이 사용되고 있으나 기술적 한계가 있다. 특히 맥락 이해와 사회적 기능 반영에 미흡하다. 이에 정확성 · 책임성 · 신뢰성 · 안전성이 더 요구되는 전문 영역 담화 공동체 기대를 충족하려면 기술적 보완이 필수적이다.

첫째, GPT와 같은 대규모 언어 모델은 웹 · 뉴스 · 문학 · 백과사전 등 다양한 출처의 방대한 데이터를 기반으로 학습하며 이 과정에서 여러 사용역의 통계적 패턴을 포착한다(Brown et al., 2020). 이 방식은 어휘 · 문체적 양상과 같은 표면적 특징에 기반한 스타일 생성은 가능하지만 사용역의 사회적 맥락까지 충분히 이해하지는 못한다. 가령 법률 문서의 정밀성·맥락 의존성이 구현되지 않거나(Zhong et al., 2020) 학술 요약 생성에서도 의미 불충실이 나타난다(Maynez et al., 2020; Pagnoni et al., 2021). 따라서 분야 특화된 전문 코퍼스를 활용한 특화 학습(domain-adaptive)(Alsentzer et al., 2019; Beltagy & Cohan, 2019; Chalkidis et al., 2020)이 반드시 필요하다. 실제로, 가령 일반 BERT보다 의료 문서·의료 사용역에 특화된 Bio+Clinical BERT가 임상 문서 분류, 개체명 인식 등 주요 과제(task)에서 더 높은 성능을 보이며 의료 사용역에 더 적합한 언어 처리를 수행하였다(Alsentzer et al., 2019).

둘째, 일부 언어 모델은 사용자의 요청(예. "더 정중하게 표현해 줘")에 따라 문체를 변환하는 스타일 전이와 미세 조정 기술을 활용한다(Shen et al., 2017). 이 기술은 주어진 문장을 '문어체↔구어체', '격식체↔비격식체', '학술체↔대화체' 등으로 변환한다. 이를 위해서는 원천(source) 스타일과 목표(target) 스타일 쌍으로 구성된 대규모 병렬 코퍼스(parallel corpus)－문장 또는 의미 단위로 정렬된, 서로 다른 언어 사용역 간 표현 대응 쌍으로 구성된 언어 데이터－가 필요하며, 이 데이터를 기반으로 전이 모델이 학습된다(Jin et al., 2022; Krishna et al., 2020). 즉 문장 길이, 구문 복잡도, 정형적 문체 요소[예. "존경하는 선생님께", "요청 드리오며" 등은 격식체 vs. "너 그거 봤어?", "어쩔~" 등은 비격식체(구어체)] 분석을 기반으로 격식체와 비격식체를 구분한다. 그러나 이 방식도 언어 사용역의 외형적 전이에 그치며 언어가 수행하는 사회적 기능, 담화 공동체의 맥락 규범까지 포괄하지는 못한다. 특히 병렬 코퍼스가 부족한 영역(예. 학술↔SNS, 법률↔대화체 등)에서는 이러한 스타일 전이 자체가 어렵다. 이를 보완하기 위해 프롬프트(prompt) 및 다중 모달(multi-modal) 입력 방식이 활용되고 있다. 가령 최신 생성형 AI는 "헤밍웨이(Hemingway) 스타일로 바꿔 줘", "학술적 어조로" 등 사용자 프롬프트에 따라 텍스트 언어 사용역을 정교하게 조절하고 있다. 여기에 더해, 이미지 · 음성 · 영상 등 다양한 데이터 유형과 결합한 다중 입력 방식을 통해 상황적 맥락, 감정, 사회적 관계 등 언어 외적 단서를 반영한 통합적 스타일 전이가 가능하다.

셋째, 주어진 텍스트의 언어 사용역을 자동으로 분류하는 사용역 분류 모델이 최근 다양한 방식으로 개발되고 있다(Repo et al., 2021). 이 모델들은 사전에 정의된 사용역 레이블(label)(예. 문어체/구어체, 격식체/비격식체, 학술/대중 등)과 해당 분야의 언어적 특징(feature set)이 명확히 도출된 코퍼스를 기반으로 학습된다. 특히 다국어 전이(cross-lingual transfer)(Conneau et al., 2019)와 퓨 숏 러닝(소수 예시 학습, few-shot learning)(Brown et al., 2020) 등 최신 신경망 기술의 도입으로, 다양한 언어와 도메인에서 분류 정확도와 일반화 성능이 향상되고 있다. 다국어 전이는 한 언어로 학습한 모델을 다른 언어에 적용하는 방식이며, 퓨 숏 러닝은 극소량의 데이터로도 성능을 내는 방법이다. 하지만 이들 기법도 사전 정의된 사용역 범주 내에서는 강점을 보이지만, 새롭거나 드문 사용역 인식에는 여전히 한계가 있다(Feng et al., 2021). 즉 AI가 학습한 레이블과 구문 특징을 넘어서는 실제 맥락에서는 신뢰성 있는 분류가 어려울 수 있다.

결국 AI가 언어 사용역을 보다 정확하게 인식 · 생성하려면 단순히 어휘 · 문체를 조정하는 것만으로는 충분치 않다. 언어는 화자의 사회적 지위, 발화 목적, 대화 상황 등 복합적인 사회적 맥락을 통합적으로 반영하며, 이러한 맥락적 요소가 언어 사용역의 본질을 규정한다(Biber & Conrad, 2019; Halliday, 1978). 이를 보완하기 위해 사용역이 명시적으로 태깅(tagging)된 코퍼스를 활용한 지도 학습(supervised learning)이 필수적이다. 이 방식은 AI가 다양한 언어 사용역을 구분하고 상황에 맞는 표현을 생성하는 데 효과적이다. 실제로 의료 분야 등에서는 텍스트 외에도 이미지 · 음성 · 메타데이터 등 다양한 정보를 결합하는 다중 모달 학습이 활발히 시도되고 있고, 이는 AI가 사회적 맥락과 화자 특성을 보완적으로 학습하는 데 기여한다(AlSaad et al., 2024). 그리고 개인화된 맥락 기반 모델링은 사용자별 언어 습관과 선호도를 반영하여, AI가 더 적절한 사용역을 선택하고 자연스러운 상호작용을 구현하는 데 중요한 역할을 한다(Salemi et al., 2023; Zhang et al., 2024). 이러한 통합적 접근은 AI 언어 모델이 사회적 기능과 맥락에 맞는 언어를 생성하도록 유도하며, 실제 챗봇 · 번역기 · 음성비서 등 다양한 서비스에서 그 필요성이 강조되고 있다.

참고문헌

황순희(2007). "언어 사용역을 고려한 불한번역의 화용적 접근". 《프랑스어문교육》, 25, 165~189쪽.

황순희(2018). "언어 사용역을 활용한 공학 텍스트의 탐색과 분석". 《인문언어》, 20(1), 29~55쪽.

AlSaad, R. et al.(2024). Multimodal large language models in health care: applications, challenges, and future outlook.

Journal of medical Internet research, 26, e59505.

Alsentzer, E. et al.(2019). Publicly available clinical BERT embeddings. arXiv preprint arXiv:1904.03323.

Beltagy, I. et al.(2019). SciBERT: A pretrained language model for scientific text. arXiv preprint arXiv:1903.10676.

Biber, D. & Conrad, S.(2019). *Register, genre, and style*. Cambridge University Press.

Bitton, Y. et al.(2025). Detecting Stylistic Fingerprints of Large Language Models. arXiv preprint arXiv:2503.01659.

Bommasani, R. et al.(2021). On the opportunities and risks of foundation models. arXiv preprint arXiv:2108.07258.

Brown, T. et al.(2020). Language models are few-shot learners. *Advances in neural information processing systems, 33*, pp.1877~1901.

Chalkidis, I. et al.(2020). LEGAL-BERT: The muppets straight out of law school. arXiv preprint arXiv:2010.02559.

Conneau, A. et al.(2019). Unsupervised cross-lingual representation learning at scale. arXiv preprint arXiv:1911.02116.

Feng, S. Y. et al.(2021). A survey of data augmentation approaches for NLP. arXiv preprint arXiv:2105.03075.

Grieve, J. et al.(2025). The sociolinguistic foundations of language modeling. *Frontiers in Artificial Intelligence, 7*, 1472411.

Halliday, M. A. K.(1978). *Language as Social Semiotic: The Social Interpretation of Language and Meaning*. Arnold.

Harrison, C. J. & Sidey-Gibbons, C. J.(2021). Machine learning in medicine: a practical introduction to natural language processing. *BMC medical research methodology, 21*(1), 158.

Hasan, S. A. & Farri, O.(2019). Clinical natural language

processing with deep learning. *Data Science for Healthcare: Methodologies and Applications*, pp.147~171. Springer International Publishing.

Hatim, B. & Mason, I.(1990). *Discourse and the Translator*. Longman.

Henriksson, E. et al.(2024). Untangling the unrestricted web: Automatic identification of multilingual registers. arXiv e-prints arXiv:2406.19892.

Jin, D. et al.(2022). Deep learning for text style transfer: A survey. *Computational Linguistics, 48*(1), pp.155~205.

Krishna, K. et al.(2020). Reformulating unsupervised style transfer as paraphrase generation. *Proceedings of the 2020 Conference on Empirical Methods in Natural Language Processing (EMNLP)*, pp.737~762. Association for Computational Linguistics.

Maynez, J. et al.(2020). On faithfulness and factuality in abstractive summarization. arXiv preprint arXiv:2005.00661.

Pagnoni, A. et al.(2021). Understanding factuality in abstractive summarization with FRANK: A benchmark for factuality metrics. arXiv preprint arXiv:2104.13346.

Pescuma, V. N. et al.(2023). Situating language register across the ages, languages, modalities, and cultural aspects: Evidence from complementary methods. *Frontiers in psychology, 13*, 964658.

Repo, L. et al.(2021). Beyond the English web: Zero-shot cross-lingual and lightweight monolingual classification of registers. arXiv preprint arXiv:2102.07396.

Salemi, A. et al.(2023). Lamp: When large language models meet personalization. arXiv preprint arXiv:2304.11406.

Shen, T. et al.(2017). Style transfer from non-parallel text by cross-alignment. *Advances in Neural Information Processing Systems (NeurIPS 2017), 30.*

Zhang, Z. et al.(2024). Personalization of large language models: A survey. arXiv preprint arXiv:2411.00027.

Zhong, H. et al.(2020). JEC-QA: a legal-domain question answering dataset. *Proceedings of the AAAI conference on artificial intelligence, 34*(5), pp.9701~9708.

03
신조어와 AI

'킹받다', '스불재', '갓생'과 같은 표현은 기존 어휘 체계 '밖'에서 생성된 새로운 언어다. 신조어는 문화, 세대 감각, 정체성 등이 집약된 언어적 실험이며, 종종 은어나 은유의 경계에서 탄생한다. AI 언어 모델은 훈련 데이터에 없는 이러한 어휘나 표현, 급변하는 의미 변화 처리에 취약하다. AI는 문맥과 통계적 유사성을 바탕으로 신조어를 처리하지만, 사회 · 문화적 맥락을 반영하는 데에 한계가 있다. 결과적으로 AI에게 신조어는 '낯선' 단어가 아니라, 종종 해독 불가능한 문화 코드로 남기도 한다.

인공지능과 편향?

신조어, 자연어의 변화와 창의성을 말하다

자연어는 정적인 체계가 아니다. 시 · 공간 및 사회적 변화에 따라 어휘 의미가 달라지고 새로운 표현이 탄생하며, 기존의 문법 규칙조차 흔들리곤 한다.

'존맛탱', '스불재', '이생망', '갓생', '흙수저', '띵작', '댕댕이' 등과 같은 신조어(neologism)는 문법적 분석보다 사회 · 문화적 맥락에 기반한 해석을 요하며, 새로운 언어 사용의 창의적 변이를 반영한다. 신조어는 특정 시대의 기술 · 사회 · 문화적 변화에 따라 새롭게 생성 · 등장한 어휘 또는 표현이다. 특히 최근 디지털 미디어의 발달로 신조어는 특정 시대, 세대 혹은 온라인 커뮤니티를 중심으로 과거보다 훨씬 빠른 속도로 생성 · 확산되며 그 수명은 더 짧아지는 경향이 있다(Würschinger, 2021).

신조어는 특징적으로 짧고 간결한 형태를 선호하며(예. '갑분싸', '개쩐다', '머선 129', '느좋') 대부분 일정한 규칙에 따라 형성된다. 가령 형태 축약형[예. '스불재'(스스로 불러온 재앙), '복세편살'(복잡한 세상 편하게 살자)], 기존 어휘에 새로운 의미를 부여하는 의미 확장형[예. '찐'('진짜'라는 의미로 확장), '짬바'(짬에서 나오는 바이브), '그 잡채'(최고다)], 외래어 혼용형[예. '킹받다'(king+열받다), '인싸'(인사이더)], 음성 전환형 · 의태형[예. '꾸안꾸'(꾸민 듯 안 꾸민 듯), '쒸푸둥'(감탄이나 분노를 의성적으로 표현한 예)] 등 다양한 양상으로 나타난다. 이처럼 신조어는 단순한 어휘가 아니라 특정 집단의 문화적 상징과 결합된 사회적 메시지를 담은 경우가 많기 때문에 그 온전한 의미 해석에는 고도의 문화적 문해력(cultural literacy)이 필요하다.

또한 신조어는 단순히 기존 표현을 줄이거나 조합하는 것을 넘어, 개념적 은유(conceptual metaphor)를 통해 새로운 사회적 경험과 감정을 압축적으로 재구성한 인지적 언어 창조물일 수도 있다(황순희, 2025; Kövecses, 2010; Lakoff & Johnson, 1980). 이러한 관점에서 신조어는 일상적 경험을 하나의 근원 영역(source domain)에서 목표 영역(target domain)으로 사상(mapping) 시키는 은유적 사고의 결과다. 몇 가지 은유 분석을 해 볼 수 있다.

예시 1. '킹받다' = 과장된 분노 상태를 '왕'(king)으로 은유.

- **개념적 은유**: EMOTION IS POWER('감정'은 권력이다).
- '킹(king)'은 원래 '군주'를 뜻하지만, 이 표현에서는 강도 높은 감정 상태와 과장된 영향력을 상징한다. '킹'이 '열받다'와 결합하여 극도의 분노 상태를 표현하는 신조어다.

예시 2. '핵인싸' = 집단 내 중심적 존재를 '핵'으로 은유.

- **개념적 은유**: SOCIALITY IS CENTRALITY['사교성'(사회적 영향력)은 중심이다].

- '핵'은 본래 원자 구조의 중심을 뜻하지만, 이 표현에서는 집단 내 중심성과 강한 영향력을 은유한다. 즉 '핵인싸'는 집단 속 핵심적 존재를 가리킨다.

예시 3. '현타' = 현실 자각의 충격을 '타격'으로 은유.

- **개념적 은유**: REALIZATION IS IMPACT('자각'은 충돌이다).

- '현타'는 게임이나 SNS 이후 느끼는 허무감 · 무기력함을 현실 자각의 충격적 순간으로 은유한다. 이때 추상적 개념인 '자각'이 물리적 경험인 '타격', '부딪침'으로 이해된다.

이러한 예들은 신조어가 단순한 언어 변형이 아니라, 인간의 복합적인 정서적 · 사회적 경험을 은유적으로 압축해 표현하는 인지적 창조물임을 나타낸다. 이처럼 신조어는 기존 언어 규칙을 벗어나거나 새롭게 조합 · 생성된 경우가 많아, AI의 형식적 규칙이나 통계적 빈도만으로는 온전한 파악이 어렵고(Hershcovich et al., 2022; Hewitt et al., 2025), 인간의 은유적 사고를 모사하고 학습할 수 있는 모델링 능력도 필요하다.

AI의 신조어 학습·처리 방법

신조어는 훈련 코퍼스에 포함되지 않는 경우가 많아, 대규모 언어 모델이 이를 어떻게 인식 · 해석하는지는 중요한 과제다. 이를 위해 하위 단어 단위 분절(subword tokenization), 문맥 임베딩 기반 의미 추론(contextual embedding), 메타데이터 활용 미세 조정(fine-tuning with metadata), 시계열 기반 신조어 감지(diachronic neologism detection) 등 다양한 기술이 발전하고 있다.

첫째, 하위 단어 단위 분절은 GPT, BERT 등 대규모 언어 모델이 미학습 표현(out-of-vocabulary, OOV)을 효과적으로 처리하기 위해 도입한 기법이다(Devlin, 2019; Sennrich, 2016). 이 방식은 일반적인 형태론적 분석(morphological analysis)과 달리 입력 텍스트를 하위 단어(subword) 단위로 분할하여, 학습 코퍼스에 없는 신조어나 저빈도 단어도 더 작은 의미 단위로 처리할 수 있다. 특히 바이트 페어 인코딩(byte pair encoding)과 같은 분절 기법을 활용하면 신조어를 구성하는 하위 구조를 포착함으로써, 의미 해석과 탐지 가능성을 높일 수 있다. 가령 언어 모델은 '킹받네'를 ['킹', '받', '##네']와 같이 서브워드 단위로 분절한 뒤, 학습된 서브워드 조합을 임베딩하여 문맥을 해석한다. 이 방식은 기존 사전에 없는 단어라도 서브워드 조합을 통해 벡터 표현을 구성할 수 있게 한다.

둘째, 문맥 임베딩은 트랜스포머 셀프 어텐션(self-attention) 구조(Vaswani et al., 2017)에 기반해, 분절된 토큰들의 주변 맥락을 종합적으로 반영하여 신조어의 실제 의미와 뉘앙스를 추론하는 방식이다(Devlin et al., 2019; Peters et al., 2018; Zheng et al., 2024). 가령 "걔가 갑자기 킹받게 굴어서 나도 모르게 짜증이 확 났다"와 같은 문장에서 언어 모델은 감정적 맥락을 종합해 '킹받다'를 '짜증나다', '화나다' 등과 유사한 의미로 추론할 수 있다. 이처럼 문맥 임베딩은 단순한 출현 빈도가 아닌, 실제 용례를 반영한 의미 추론을 가능케 하여 신조어와 같이 코퍼스 내 저빈도 어휘, 의미 맥락에 민감한 어휘 해석에 효과적이다.

셋째, 메타데이터(metadata, 예. 발화자 정보 · 사용 시점 · 사용 플랫폼 등)를 활용한 미세 조정은 신조어처럼 맥락 의존성이 높은 표현 처리에 효과적이다(Gururangan et al., 2020). 이는 신조어의 의미적, 사회적, 시간적 맥락을 더 정밀하게 반영하기 위한 방법이다.

언어 모델은 일반적인 언어 능력을 학습한 후, 특정 작업 또는 도메인 데이터에 맞춰 추가 학습(미세 조정)을 하게 되며, 이 과정에서 메타 정보를 입력하면, 동일한 신조어라도 맥락에 따라 적절한 의미 해석이 가능해진다. 가령 '청포족', '줍줍' 등과 같은 신조어이자 유행어는 사용 시기나 커뮤니티에 따라 의미와 정서적 함의가 달라지므로, 미세 조정을 통해 실제 데이터에 정확히 적응시키는 방식이 효과적이다.

넷째, 시계열 기반 신조어 감지 기법은 신조어의 생성과 확산, 의미 변화, 소멸 또는 정착의 동적 언어 변화를 포착하기 위한 방법이다(Kim et al., 2014; Kulkarni et al., 2015). 이 기법은 특정 기간별로 코퍼스를 분석하여 특정 시점 이후 새롭게 등장하거나 의미가 변화한 단어를 자동 탐지할 수 있다. 이 접근은 시간별 단어 출현 경향성, 사용 양상 변화, 의미 변화를 종합적으로 분석할 수 있어, 언어 트렌드 예측, 의미 변화 분석 등에 실용적으로 활용된다.

AI는 언어 변화의 속도를 따라잡을 수 있을까

AI의 신조어 처리는 일정 수준의 성과를 보이지만 여전히 뚜렷한 한계가 존재한다.

첫째, 신조어의 사전적 정의 부재와 표준화의 한계다. 상당 수 신조어는 표준 사전이나 언어 규범에 등록되지 않은 채 일상적으로 사용된다. 이들 표현은 형태가 다양하고 사용자에 따라 의미가 다르게 해석될 수 있어 AI가 어떤 기준으로 이를 학습하고 일반화해야 할지 판단하기 어렵다. 또한 특정 신조어가 표준어로 정착할 수 있을지 여부와 정착되더라도 그 판단 기준이 언어 모델에게는 주어지지 않는다. 이는 결과적으로 언어 모델의 의미 추론 과정에 불확실성을 증대시키는 요인이 된다.

둘째, 신조어의 중의성(ambiguity)과 문맥 의존성 문제다. 하나의 신조어가 여러 의미로 사용되는 중의성이 있는 경우, 가령 '갓생'은 맥락에 따라 '열심히 사는 삶', '꾸준한 루틴', '현생에 충실한 태도' 등으로 다양하게 해석될 수 있다. 이를 AI가 정확히 이해하려면 고도의 문맥 판단력과 의미 분화 능력이 필요하다. 그러나 현재의 언어 모델은 의미 추론에서 불안정성을 보이며, 문맥 기반 의미 분해 능력이 완벽하지 않다.

셋째, 신조어의 빠른 변화 속도와 언어 모델의 시차 문제다. 신조어는 짧은 시간 내에 생성·확산되며, 일정 기간 후에는 급격히 소멸하거나 정착된다. 기존 언어 모델이 사전 학습된 이후 추가 학습(정기적 업데이트) 없이는 새로운 언어 변화를 반영하지 못한다. 이로 인해 언어 모델이 최신 유행어나 표현을 적시에 반영하지 못하고, 현실 언어와 모델 언어 간 시차가 발생하게 된다. 이를 해결하려면 모델의 주기적 재학습이나 실시간 피드백 기반 학습 체계가 병행되어야 한다.

넷째, 문화적 맥락 부족 문제다. AI 언어 모델은 신조어의 사회·문화적 맥락과 배경을 충분히 반영하지 못한 채, 이를 단순한 어휘 패턴이나 감성 신호로 처리하는 경향이 있다(Bender et al., 2021; Hutchinson et al., 2020). 가령 '영끌', '청포족', '부린이', '줍줍', '똘똘한 한 채'와 같은 표현은 그저 부정적 감정의 표출이 아니라, 국내 부동산 시장의 불안정성, 주거 불평등, 세대 간 자산 격차 등 한국 사회의 구조적 현실을 풍자한다. AI 언어 모델은 이러한 사회·문화적 맥락을 이해하지 못해, 실제 의도나 본뜻을 오독하거나 의미를 왜곡시킬 우려가 있다.

다섯째, 편향과 고정 관념의 재생산 문제다(Bender et al., 2021). AI 언어 모델은 학습 코퍼스에 내재된 편향(bias)을 그대로 학습하여, 특정 집단의 신조어나 표현을 왜곡 또는 편향적으로 재현할 수 있다. 특히 트위터, 레딧(Reddit) 등 온라인 커뮤니티 기반 데이터를 학습한 모델은 신조어 감지에는 민감하지만, 일시적 유행어나 특정 문화에 편중된 언어 데이터를 포함하고 있어 사회적 편향을 확대·재생산할 위험이 있다. 이는 소수 집단의 언어적 표현이 과소 대표되거나 왜곡된 방식으로 일반화되는 결과를 초래할 수 있다. 따라서 AI가 변화하는 신조어를 정확히 처리하려면 단순한 빈도 기반 통계 학습을 넘어 언어 변화의 사회·문화적 맥락까지 해석할 수 있는 능력이 필요하다.

AI의 신조어 처리 한계를 보완하기 위해, 최근에는 사용자와 모델 간 상호작용을 통한 실시간 피드백 기반 능동 학습(active learning) 방식이 주목받고 있다. 즉 사용자의 라벨링(labelling)이나 사용 반응 등 명시적·암묵적 피드백을 활용하여 언어 모델이 신조어의 의미 표현을 점진적으로 업데이트·적응하는 것이다. 따라서 AI는 단일 텍스트 코퍼스에만 의존하지 않고, 사용자 상호작용을 반영한 온라인·연속 학습(online·continual learning)을 통해 신조어 의미를 보다 유연하게 학습할 필요가 있다(Margatina et al., 2021).

참고문헌

황순희(2025). “프랑스어 ventre(배)의 의미 확장과 코퍼스 분석”.

《한국프랑스학논집》, 130, 115~146쪽.

Bender, E. M. et al.(2021). On the dangers of stochastic parrots: Can language models be too big?. *Proceedings of the 2021 ACM conference on fairness, accountability, and transparency*, pp.610~623.

Devlin, J. et al.(2019). BERT: Pre-training of deep bidirectional transformers for language understanding. *Proceedings of the 2019 Conference of the North American Chapter of the Association for Computational Linguistics: Human Language Technologies, 1* (Long and Short Papers), pp.4171~4186. Association for Computational Linguistics.

Gururangan, S. et al.(2020). Don't stop pretraining: Adapt language models to domains and tasks. arXiv preprint arXiv:2004.10964.

Hershcovich, D. et al.(2022). Challenges and strategies in cross-cultural NLP. arXiv preprint arXiv:2203.10020.

Hewitt, J. et al.(2025). We Can't Understand AI Using our Existing Vocabulary. arXiv preprint arXiv:2502.07586.

Hutchinson, B. et al.(2020). Social biases in NLP models as barriers for persons with disabilities. arXiv preprint arXiv:2005.00813.

Kim, Y. et al.(2014). Temporal analysis of language through neural language models. *Proceedings of the ACL 2014 Workshop on Language Technologies and Computational Social Science*, pp.61~65. Association for Computational Linguistics.

Kövecses, Z.(2010). *Metaphor: A practical introduction.* Oxford university press.

Kulkarni, V. et al.(2015). Statistically significant detection of linguistic change. *Proceedings of the 24th international conference on world wide web*, pp.625~635.

Lakoff, G. & Johnson, M.(1980). *Metaphors we live by*. University of Chicago press.

Margatina, K. et al.(2021). On the importance of effectively adapting pretrained language models for active learning. arXiv preprint arXiv:2104.08320.

Peters, M. E. et al.(2018). Dissecting contextual word embeddings: Architecture and representation. arXiv preprint arXiv:1808.08949.

Sennrich, R. et al.(2016). Neural Machine Translation of Rare Words with Subword Units. *Proceedings of the 54th Annual Meeting of the Association for Computational Linguistics (Volume 1: Long Papers)*, pp.1715~1725. Association for Computational Linguistics.

Vaswani, A. et al.(2017). Attention is all you need. *Advances in Neural Information Processing Systems (NeurIPS 2017), 30*, pp.5998~6008.

Würschinger, Q.(2021). Social networks of lexical innovation. Investigating the social dynamics of diffusion of neologisms on Twitter. *Frontiers in Artificial Intelligence, 4*, 648583.

Zheng, J. et al.(2024). Neo-bench: Evaluating robustness of large language models with neologisms. arXiv preprint arXiv:2402.12261.

04
코드 스위칭과 AI

"그게 진짜야? Oh my god!" 한국어 대화 중, 대화가 갑자기 영어로 전환되는 순간, 우리는 그것이 특별한 의미를 지닌다는 것을 알고 있다. 코드 스위칭은 단순한 언어 전환이 아니라 대화자의 정체성, 소속감, 문화적 맥락 등을 나타내는 담화 전략이다. AI 언어 모델은 언어 식별 알고리즘, 다국어 사전 학습 등을 통해 코드 스위칭을 처리하지만, 사회 · 문화적 의미나 화용적 함의를 충분히 반영하지 못해 단순한 언어 혼용으로 환원하는 한계를 보이기도 한다.

청각장애인과 AI?

코드 스위칭: 언어 자원의 유연한 활용

코드 스위칭(code-switching)은 언어 사용자가 담화 주제, 상호작용 참여자, 사회적 정체성, 그리고 언어 · 사회적 상황 등 다양한 요인에 따라 두 개 이상의 언어를 교대로 사용하는 현상이다(Poplack, 2013).

"이 드라마 진짜 crazy!", "다음 meeting때 그거 update해서 report하고 자료는 share해 주세요.", "사실 그건 너무 TMI야.", "이거 완전 sweet 했어!" 등은 대표적 사례다. 코드 스위칭은 이중 언어(bilingual) 또는 다중 언어(multilingual) 사용자들이 효과적인 의사소통을 위해, 그들이 구사할 수 있는 두 언어가 의식 · 무의식적으로 또는 자동 · 비자동적으로 교체되는 현상이다(Lyons, 1981: 313). 이는 언어 능력의 결핍이나 혼용이 아닌 언어 자원의 유연한 활용이다!

이처럼 코드 스위칭은 단순한 언어 전환을 넘어서, 화자의 정체성 표현, 담화 강조, 청자에 대한 친밀감 형성, 특정 문화 지식 호출 등 다양한 사회적 기능을 수행한다. 특히 최근 국내 SNS와 온라인 커뮤니티에서 영어와 한국어를 혼용하는 젊은 세대가 증가하였고, 인스타그램과 트위터에서도 영어와 한국어가 혼합된 표현이 전체 사용의 50% 이상을 차지한다는 보고가 있다(김보영,

2020). 이는 한국어+외국어 조합의 코드 스위칭이 트렌드 반영, 감성 표현, 의미 강조의 역할을 하기 때문으로 해석된다. 또한 코드 스위칭은 이중 언어 수업 환경에서 학습자의 이해를 돕기 위해 의도적인 교수 전략으로 활용되기도 한다(김가람, 2020).

코드 스위칭은 발화의 음운적 구성에서 나타나는 전환과 구문적 전환을 포괄할 수 있고, 문장 간 코드 스위칭(전환), 문장 내 전환, 태그 전환 등으로 분류될 수 있다(Poplack, 2013). 더욱이 두 언어가 혼용되는 실제 언어생활, 신조어 · 약어 사용 등을 포함하면 혼성어 전환, 관용구 · 약어 전환 등으로 범주가 추가 · 확대될 수 있다. 가령 "나 오늘 너무 피곤했어. So I just stayed home"(문장 간 전환), "이 드라마 진짜 awesome 해"(문장 내 전환), "Well, 그건 좀 그래"(태그 전환), "교수님께 논문 correction 받았어"(혼성어 전환), "FYI, 오늘 회의 3시야"(약어 전환) 등을 들 수 있다.

코드 스위칭과 자동 음성 인식: 발음, 문법, 언어 전환 시점의 과제

코드 스위칭은 텍스트 차원보다 자동 음성 인식(automatic speech recognition, ASR) 모델에게 더 어려운 과제다. 자동 음성 인식 기술은 말소리(음성)를 텍스트로 변환하는 기술로(Speech-to-Text, STT), 대부분 하나의 언어로 학습되기 때문에 코드 스위칭이 포함된 음성을 정확하게 인식하기 어렵다. 가령 "이 영화, real 감동이야"에서 real을 '리을', '리알' 또는 '이얼'로 인식할 수 있다. 그리고 이러한 어려움은 크게 언어 간 발음 차이, 문법 구조 차이, 언어 전환 순간 인식 문제에서 비롯된다(Chiu et al., 2019; Yue et al., 2019).

첫째, 같은 철자를 가진 어휘 · 단어라도 언어에 따라 발음 차이가 있다. 가령 영어 단어 'menu'와 프랑스어 'menu'는 발음이 서로 다르고, 'pasta'도 영어식 발음과 이탈리아어식 발음이 상이하다. 만일 음성 인식 모델이 영어에만 익숙할 경우, 프랑스식, 이탈리아식 발음을 영어 단어로 착각하거나 완전히 엉뚱한 단어로 오인할 수 있다.

둘째, 언어마다 문법 구조의 차이가 있다. 가령 한국어는 '주어+장소+서술어'(예. "나 지금 학교 가야 돼") 어순 · 구조를 따르지만, 영어와 프랑스어 등은 일반적으로 '주어+서술어+장소'(예. "I have to go to school now")의 구조다. 이로 인해 언어 모델이 구 구조를 잘못 분절하거나, 'go to school'을 '고해야 돼'로 오인하거나, '고해요'와 같은 존재하지 않는 형태로 인식할 위험도 있다.

셋째, 언어 전환 순간 인식의 문제다. 가령 "와, 이거 너무 crazy!"처럼 한 문장 내에서 언어가 전환될 경우, ASR 모델이 전환 순간을 제대로 인식하지 못하면 'crazy'의 발음을 한국어식으로 인식해 '그래지' 또는 '그래야지'로 오인할 수 있다. 코드 스위칭은 인간에게는 자연스럽지만 ASR 시스템에게는 어떤 언어인지 즉각 파악하고, 바뀐 언어에 맞춰 음성을 인식하는 것은 어려운 과제다. 반면 텍스트 기반 코드 스위칭은 발음 · 음향 정보가 필요 없기 때문에 음성 인식에서 발생하는 오류는 없고, 대규모 언어 모델은 다국어 사전 학습 덕분에 이를 상대적으로 잘 처리한다(황순희, 2025). 하지만 단어의 언어 식별 혼란, 문법 구조 혼합 처리, 의미 정합성 부족 등은 여전히 주요한 한계다. 가령 "내일 meeting, zoom으로 할 거야"에서 언어 모델이 'meeting'과 'zoom'을 한국어화하지 않고 원어 그대로 처리할 경우, 한국어 문법 구조와 충돌하거나 문장 내 통사적 일관성을 해칠 수 있다. 또한 "자료 update했어요?"처럼 한국어 맥락에서 동사화된 영어 표현이 제대로 분석되지 않으면 의미 파악이나 적절한 응답 생성이 어려울 수 있다. 이러한 오류는 언어 경계가 불명확하거나 혼성 문장 구조가 통사적 · 의미적으로 일관되지 않을 때 발생한다.

전이 학습 기반 AI의 코드 스위칭 처리 전략

AI의 코드 스위칭 처리는 단일 기법이 아니라 언어 경계 식별, 다국어 사전 학습 언어 모델(multilingual pre-trained language models), 구문 정보 활용, 생성 기반 데이터 증강(deep generative data augmentation) 등 복합적 접근이 필요하다. 이 중 다국어 사전 학습 모델은 전이 학습(transfer learning)의 대표적 예이며, 나머지 기법들 또한 전이 학습 기반 모델과 연계될 때 높은 성능을 보인다.

첫째, 다국어 사용자 발화에서 언어 경계의 정확한 식별은 코드 스위칭 처리의 출발점이다. 실제로 국가별, 언어별로 구축된 코드 스위칭 데이터 세트(예. 스페인어-영어, 아랍어-영어 트위터 데이터 세트 등)에서는 어휘·형태소·문자 n-그램·주변 단어 등 다양한 특성을 결합해 언어 경계를 자동으로 식별하는 조건부 무작위장(conditional random field, CRF) 기반 모델이 다수 제안되었다(Molina et al., 2019). 이러한 접근은 전통적인 언어 식별 과제에서 높은 성능을 보이지만, 트위터 등의 비정형 소셜 데이터에서는 사용자별 축약, 은어, 비표준 표현 등이 자주 등장하여 모델의 성능 저하가 빈번하게 발생한다. 즉 언어 경계 식별 기술이 계속 발전하고 있음에도, 일상적이고 자유로운 온라인 대화 환경에서는 모델의 한계가 여전히 존재한다.

둘째, 다국어 사전 학습 언어 모델은 코드 스위칭 문장에서도 문법적 경계를 비교적 안정적으로 유지하고 문맥 의미를 일관되게 처리할 수 있다. 특히 언어 간 구조적 유사성이 높은 언어쌍일수록 일반화 성능이 더 높게 나타난다(Molina et al., 2019). 즉 별도의 추가 학습 없이도 전이 학습 기반 언어 모델은 다중 언어 환경을 일정 수준까지 처리할 수 있다(De Leon et al., 2024).

셋째, 구문 정보(예. 품사, 구문 구조, 어순 등)를 활용한 다중 과제 학습(syntax-aware multi-task learning)도 코드 스위칭 처리 성능 향상에 기여할 수 있다. 특히 문장 구조가 혼합되는 코드 스위칭 환경에서는 단어 수준 예측만으로는 한계가 있고, 문법적 단서를 병행해 학습할 때 전환 지점의 의미 해석 능력이 높아진다. 또한 구문 정보를 병행 학습한 모델은 언어 전환 지점에서의 구조적 예측이 개선되고, 전체적인 언어 모델의 혼란도(perplexity, 언어 모델이 다음 단어를 얼마나 예측하기 어려워하는지 나타내는 지표)도 감소하였다(Winata et al., 2018, 2021).

넷째, 코드 스위칭 데이터의 희소성 보완을 위해 생성 기반 데이터 증강이 효과적인 대안으로 제시된다. 가령 변분 오토인코더(variational autoencoder, VAE) 기반 생성 모델을 통해 단일어 문장을 코드 스위칭 문장으로 전환하고 이를 학습에 활용한 결과, 언어 모델의 혼란도가 감소했고 언어 식별 및 자연어 이해 성능도 유의미하게 향상되었다(Samanta et al., 2019). 이러한 생성 기반 접근은 코드 스위칭의 맥락적 유연성과 표현 다양성을 반영하는 데 강점이 있다.

AI의 코드 스위칭 처리: 기술적 한계와 적용 시 제약

최근의 언어 모델은 코드 스위칭을 일정 수준으로 처리하고 있으나 실제 적용에는 한계가 있다.

첫째, 코드 스위칭 처리 기술은 언어 간 구조적 차이, 구어적 · 비표준 표현 등으로 인해 언어 식별, 품사 태깅, 개체명 인식 등 다양한 과제(task)에서 언어 간 전환 지점의 정확도가 낮다. 특히 어휘 내 코드 스위칭(intra-word switching, 예. "호텔 예약 check 했어?", "그 내용은 지금 confirm 중이야" 등)은 처리 난이도가 높아,

모델 성능 저하가 두러지게 나타난다(Aguilar et al., 2020).

둘째, 언어 자원의 불균형은 코드 스위칭 처리에서도 중요한 제약 요소다. 실제로 자연어 처리 연구 생태계는 영어 · 중국어 · 독일어 · 프랑스어 · 스페인어 · 아랍어 · 러시아어 · 일본어 · 포르투갈어 · 힌디어 등 고자원 언어(high-resource languages)에 집중되어 있고 이외의 수천 개 저자원 언어는 거의 다뤄지지 않고 있다(Joshi et al., 2020). 이 같은 편중은 영어-힌디어, 영어-스페인어 등 일부 언어쌍 중심 연구로 이어져 다양한 언어 조합에 대한 적용성과 일반화 가능성을 제한한다.

셋째, 음성 기반 코드 스위칭 처리는 음향 정보와 언어 경계를 동시에 인식해야 하는 이중 과제에 직면한다. 특히 비정형 발화나 낮은 신호 품질 환경에서는 언어 간 전환 지점에서 오류가 빈번하게 발생한다. 이에 가령 코드 스위칭 문장에 언어 범위 토큰(language-span tokens)을 명시적으로 삽입하면 텍스트 기반 코드 스위칭 처리의 정확도를 개선할 수 있으나(Winata et al., 2021), 이 방식 역시 실제 음성 환경 적용 가능성은 여전히 검토가 필요하다.

AI 모델은 통제된 환경에서는 일정 수준의 성능을 보

이지만, 실제 언어 사용 맥락에서는 여전히 정확도와 일관성에 한계가 있다. 향후 다언어 간 문법 구조 차이를 더 잘 반영하는 모델 설계, 저자원 언어 포괄을 위한 데이터 확장, 실시간 음성 처리 정확도 개선을 위한 통합적 접근이 요구된다.

참고문헌

김가람(2020). "중국인 한국어 교사의 코드 스위칭 양상과 맥락 요인 연구". 서울대학교 대학원 박사학위논문.

김보영(2020). "The Discourse Strategy of Code Switching on SNS texts: In the case of Korean-Chinese and Chinese". 《언어사실과 관점》, 49, 187~206쪽.

황순희(2025). 《AI와 자연 언어》. 커뮤니케이션북스.

Aguilar, G. et al.(2020). LinCE: A centralized benchmark for linguistic code-switching evaluation. arXiv preprint arXiv:2005.04322.

Chiu, C. C. et al.(2019). A comparison of end-to-end models for long-form speech recognition. *2019 IEEE automatic speech recognition and understanding workshop (ASRU)*, pp.889~896. IEEE.

De Leon, F. A. L. et al.(2024). Code-Mixed Probes Show How Pre-Trained Models Generalise On Code-Switched Text. arXiv preprint arXiv:2403.04872.

Joshi, P. et al.(2020). The state and fate of linguistic diversity and inclusion in the NLP world. arXiv preprint arXiv:2004.09095.

Lyons, J.(1981). *Language and linguistics.* Cambridge university press.

Molina, G. et al.(2019). Overview for the second shared task on language identification in code-switched data. arXiv preprint arXiv:1909.13016.

Poplack, S.(2013). Sometimes I'll start a sentence in Spanish Y TERMINO EN ESPAÑOL: Toward a typology of code-switching. *Linguistics, 51*(s1), pp.11~14.

Samanta, S. et al.(2019). A deep generative model for code-switched text. arXiv preprint arXiv:1906.08972.

Winata, G. I. et al.(2018). Code-switching language modeling using syntax-aware multi-task learning. arXiv preprint arXiv:1805.12070.

Winata, G. I. et al.(2021). Are Multilingual Models Effective in Code-Switching?. *Proceedings of the Fifth Workshop on Computational Approaches to Code Switching,* pp.142~153. Association for Computational Linguistics.

Yue, X. et al.(2019). End-to-end code-switching asr for low-resourced language pairs. *2019 IEEE automatic speech recognition and understanding workshop (ASRU),* pp.972~979. IEEE.

05
말실수와 AI

인간은 말실수를 한다. 발음이나 단어를 틀리고, 문장을 잘못 구성하기도 한다. 하지만 우리는 대부분 그 말실수를 이해하고 대화를 이어간다. 말실수는 의사소통 실패가 아닌 자연어의 유연성을 보여주는 증거일 수 있다. AI는 음성 인식 보정, 문장 복원, 언어 모델 기반 예측 등을 통해 말실수를 처리하지만, 발화 의도나 맥락의 복합성을 반영하는 데에는 한계가 있다. 특히 자기 수정, 머뭇거림, 반복 등은 종종 '잡음'으로 간주되어, AI는 이를 이해하기보다 제거 · 정제하는 데 집중한다.

AI 콘텐츠 크리에이터?

말실수는 단순한 언어적 실패가 아닌 언어 보편적 현상이다

인간은 생각과 동시에 말하기 때문에 우리의 뇌는 빠르게 단어를 선택하고 문장을 구성하느라 실수하기 쉽다(Fromkin, 1971; Levelt, 1993). 즉 말실수(speech errors, slips of tongue)는 언어를 실시간으로 생성·처리하기 때문에 주로 발생하며, 연령·언어 숙달도에 관계없이 발생하는 자연스러운, 언어 보편적 현상이다.

물론 개별어 특성에 따라 말실수의 빈도와 양상은 다를 수 있다. '바쁜 벌꿀은 슬퍼할 틈이 없다'(← '바쁜 꿀벌은 슬퍼할 틈이 없다'), '항행선에 차가 많다'(← '상행선과 하행선에 차가 많다'), '나는 어제 _봤다'(← '나는 어제 영화를 봤다') 등이 대표적 사례다. 일반적으로 발화 산출(말하기) 과정은 개념화(내용 생성), 조직화(언어적 계획), 조음·음성화(발화 실행), 자기 감시(self-monitoring)의 네 단계로 이루어진다(Levelt, 1993). 말실수는 이 중 자기 감시를 제외한 모든 단계에서 발생할 수 있으며, 일정한 양식(패턴)을 따르는 경향이 있다. 또한 인간은 자신의 말실수를 인지한 경우, 이를 빠르게 편집·교정하며, 수정이 이루어지는 시기와 방식 역시 일정한 체계를 따른다(Carroll, 1986).

이처럼 말실수는 계획된(계획한) 발화가 음운적 · 형태적 · 통사적 · 의미적 수준에서 실현되는 과정 중 발생하는 비의도적 오류로 언어 생성의 복잡성과 인지적 한계를 반영한다. 말실수의 구체적인 유형도 개별어에 따라 다소 상이하지만, 교체 · 생략 · 중복 · 전치 등의 유형이 보편적으로 관찰된다. 가령 마나나(← 바나나; 음소 교체), 감사함다(← 감사합니다; 음소 생략), 공부하겠습다(← 공부하겠습니다; 음소 탈락), 찐짜(← 진짜; 음소 중복), 밥을 짒고 잤어요(← 밥을 짓고 잤어요; 음소 전치) 등이 대표적 사례다.

한편 말실수는 단순한 발화 실패나 오류를 넘어서 때로 화자의 감정이나 인지 상태, 더 나아가 무의식을 반영하기도 한다. 가령 '사자'라고 말하려다 '사랑'이라고 말할 경우, 이는 단순한 음운 착오가 아니라 프로이트(Freud)가 말한 '무의식적 욕망의 표출'로 해석될 수 있다. 이처럼 말실수는 인지적 부주의, 감정적 상태(긴장 · 불안 · 피로 · 스트레스 등), 무의식 등에 의해 발생하며, 담화 내에서 유머를 유발하거나 화자의 인간적 매력을 드러내기도 한다. 결국 말실수는 발화 내 의미를 구성하는 요소이자 사회적 상호작용에서 기능하는 언어적 사건이다. 말실수는 언어 계획 단위를 드러내는 단서가

되기도 하고, 언어 처리 과정과 인지 메커니즘을 이해하는 데 중요한 단서를 제공하기도 한다(발화 오류의 체계적 패턴, 단계별 언어 처리 등).

AI의 말실수: 데이터의 한계, 확률 예측과 문맥 추론의 실패

AI가 생성한 언어 출력도 때로 인간의 말실수처럼 보이는 오류를 포함할 수 있다. AI의 말실수는 중복 오류(동일·유사한 어휘·문장의 반복 생성; 예. '그녀는 매우 매우 매우 친절합니다'), 다의어 혼동(다의어 의미 파악 오류; 예. '파리(도시)에서 파리(곤충)가 많이 날아다녔다'), 시제 혼동(문법 오류; 예. '나는 어제 학교에 가고 있다') 등 다양한 양상으로 나타날 수 있다.

AI의 실언, 중복 발화, 단어 선택 오류 등은 인간 말실수와 유사하게 인식될 수도 있지만 그 원인은 근본적으로 다르다. 인간의 말실수가 인지적 병목, 계획 충돌, 발화 모니터링 실패 등 심리언어학적 원인에 기인한다면 AI의 오류는 전적으로 확률 기반 예측 실패, 훈련 데이터 편향, 문맥 추론 능력 부족 등으로 발생한다. 이는 언어 생성의 본질적 한계가 아니라 언어 모델 자체의 구조적 한계 및 데이터 기반 편향의 결과다.

중복 오류('그녀는 매우 매우 매우 친절합니다')는 훈련 데이터의 한계 및 편향, 또는 확률적 생성 방식 및 디코딩 전략의 한계로 발생할 수 있다(Holtzman et al., 2019). 즉 AI가 학습한 데이터에 '매우'와 같은 강조 표현이 반복적으로 등장하거나 문장 내 중복이 빈번하다면, 모델은 이를 자연스러운 언어 패턴으로 오인해 반복을 생성할 수 있다. 또한 AI는 다음에 올 단어의 확률을 기반으로 문장을 생성하는데, 반복을 막는 메커니즘이 충분치 않으면 동일 단어가 연속적으로 출력될 수 있다.

다의어 혼동('파리에서 파리가 많이 날아다녔다')은 문맥 이해의 한계 또는 훈련 데이터의 모호성으로 발생할 수 있다(Peters et al., 2018). 즉 AI는 '파리'가 문맥상 '도시'인지 '곤충'인지 구분해야 하지만, 문맥 파악 능력이 부족하여 의미를 혼동할 수 있다. 또한 학습한 데이터 세트에 '파리'가 도시와 곤충 의미로 혼용되어 등장한다면 AI는 이를 명확히 구분하지 못하고 두 의미를 혼합해 사용할 수 있다.

시제 혼동(문법 오류)('나는 어제 학교에 가고 있다')은 장기 의존성 처리의 어려움 또는 문법 규칙의 불완전한 내재화 때문에 발생할 수 있다(Marvin & Linzen, 2018). 즉 AI는 시간 표현('어제')과 동사 시제('가고 있다')를 일치시켜야 하지만 긴 문장이나 복잡한 문맥에서는 시제 일치를 놓치는 경우가 많다. 또한 AI는 통계적 패턴을 학습할 뿐이지 인간처럼 명확한 문법 규칙을 이해·적용하지 않기 때문에 시제 혼동이 발생할 수 있다.

이밖에도 AI의 말실수 유형은 다양하다. 가령 누락·삭제 오류(예. 나는 ____학교에 갔다←나는 어제 학교에 갔다), 추가 오류(예. 그는 빨리 집에 갔다←그는 집에 갔다), 문법·구문 오류(어순·호응·조사·어미 등)(예. 나는 학교에 책을 읽었다←나는 학교에서 책을 읽었다), 띄어쓰기·맞춤법 오류(예. 나는 학교에갔다←나는 학교에 갔다), 구두점·기호 사용 오류(예. 안녕하세요,←안녕하세요?), 고유명사·전문 용어 오용(예. 사과←Apple), 논리적·맥락 오류(예. 그는 아침에 일어나서 저녁을 먹었다) 등이 있다. 이처럼 AI 말실수 유형은 다양하지만 대부분 데이터의 불완전성·편향, 확률적 예측의 한정된 정확성, 문맥 추론력 부족, 모델의 구조적 한계 등 공통된 원인에서 비롯된다.

AI의 말실수 처리 한계: '의도된 표현', '비표준 표현', 그리고 자기 수정의 난제

AI가 인간의 말실수를 처리하는 데에는 몇 가지 한계가 있다.

첫째, 동일한 말실수라도 화자가 본래 말하려던 의도·의미에 따라 해석이 달라질 수 있다. 말실수는 본질적으로 의도했던(의도된) 표현이 잘못 실현된 결과이기 때문이다. 따라서 AI가 이를 정확히 처리하려면 화자의 발화 의도를 정확히 추론할 수 있어야 하지만 현재 이러한 의도 추론 능력은 충분하지 않다(Bender & Koller, 2020). 이와 유사한 맥락에서 AI는 창의적 표현에 담긴 화자의 의도 파악에도 한계가 있다. 가령 "근처에 버스 정류장은 없어, 그러니 비행기를 타지 그래?"와 같은 의도적인 말장난(언어유희, pun)을 AI는 비문 또는 문법적 오류로 처리하거나 의미 없는 발화로 간주해 수정할 수 있다(Xu et al., 2024). 말장난·언어유희·은유·풍자 등은 문맥과 사회·문화적 맥락을 기초로 해석되어야 하기 때문이다.

둘째, 그 자체로는 말실수가 아니지만 AI가 말실수로 오인하여 처리하는 사례가 있다. 즉 말실수와 이른바 '의도된 비표준 표현'[예. 지역어(방언), 개인어(idiolect), 은어, 창의적 표현 등]을 정확히 구별하지 못해 의도된 표현까지 말실수로 간주·수정하는 경우다. 기본적으로 언어 모델은 표준어 중심 데이터로 학습되었기 때문에,

미세 조정(fine-tuning)이 충분히 이루어지지 않으면 비표준 표현을 오류나 비문으로 잘못 처리할 가능성이 크다(Blodgett et al., 2016). 더 나아가 표준어 중심으로 설계된 자동 평가 지표는 비표준 표현이 포함된 출력이 의미 전달에 성공했더라도 낮은 품질로 평가하는 구조적 편향을 강화할 수 있다(Sun et al., 2022).

셋째, AI는 자기 수정(self-repair) 발화를 정확히 인식하고 처리하는 데에 한계가 있다. 인간 화자는 말실수를 인지하면 즉각적으로 발화를 수정하며, 대개 "아니 그게 아니라…", "내 말은…" 등의 발화 중단 신호와 편집 표현(editing terms)을 사용한다. "아니 그게 아니라… 점심 말고 저녁 먹자고"에서 핵심은 오류를 바로잡아, 청자가 수정 의도를 파악하고 발화의 흐름을 자연스럽게 이어가는 데 있다. 하지만 현재 AI는 발화 중단, 수정 신호, 반복 발화 등 불유창(disfluent)한 구조를 오류 · 비문으로 오인하거나, 수정 전 발화를 최종 출력으로 처리하는 경우가 많다(Hough & Schlangen, 2017). 특히 음성 기반 시스템에서는 실시간 대화 흐름 속에서 이러한 수정 패턴을 탐지하고 의미를 재구성하는 데 어려움이 있다.

AI의 말실수 처리 기술: 현재와 미래

언뜻 단순해 보이는 인간의 말실수는 의도・문맥・화용적 전략 등 복합적 요인과 관련이 있다. 이러한 맥락성을 간과할 경우 AI의 말실수 처리는 표면적 수정에 그칠 위험이 있다. 이에 현재 기술 수준과 함께 향후 보완 방향을 통합적으로 이해할 필요가 있다.

첫째, 음성 기반 오류 탐지 방식이다. 자동 음성 인식(ASR)은 신뢰도 점수(confidence scoring), 최적 후보 목록(n-best hypothesis), 혼동 네트워크(confusion network) 등을 활용하여 불확실하거나 비정상적인 음성 패턴을 탐지한다(Laptev & Ginsburg, 2023). 가령 음성 비서 환경에서 사용자 발화 오류와 시스템 인식 오류를 구분하여 복원하는 하이브리드 모델도 제안되었다.

둘째, 문맥 기반 오류 감지 방식이다. 트랜스포머 기반 언어 모델은 문장 내 문맥, 통사 구조, 의미 연계 등을 분석해 비정상적 연결성(abnormal coherence)을 탐지할 수 있다. 최근 BERT 기반의 불유창성 탐지(disfluency detection)가 주목받고 있으며(Lou & Johnson, 2020), 이는 발화 흐름과 주변 문맥을 고려해 말실수 여부를 판단하는 기반이 된다.

셋째, 자기 수정 패턴의 모사 학습이다. 인간 화자는

자신의 발화를 실시간으로 감시하며 오류를 인식하면 즉시 수정한다(Levelt, 1993). 이러한 자기 감시 및 수정은 말실수 처리의 핵심 메커니즘이다. AI도 이를 모사하여 오류 복원 능력을 강화할 수 있다. 가령 "아니…", "그게 아니라…", "내 말은…"과 같은 편집 표현을 실시간으로 탐지하고 수정 구조를 추론하는 모델이 제안되었으며(Hough & Schlangen, 2017), BiLSTM 기반의 불유창성 탐지 모델은 실제 대화에서 자기 수정 구간을 효과적으로 분류해 냈다(Zayats et al., 2016).

넷째, 다중 모달(cross-modal) 기반 오류 복원은 음성과 텍스트의 병렬 데이터를 함께 활용하는 방식이다. 가령 OpenAI의 Whisper(Radford et al., 2023)는 수십만 시간의 병렬 데이터를 학습하여, 발화 오류나 인식 오류가 포함된 문장도 안정적으로 복원하는 강건한(robust) 시스템을 구현하였다. 이를 통해 다양한 억양, 잡음, 비표준 표현 등에도 효과적으로 대응할 수 있게 되었다.

다섯째, 사용자 적응형 오류 처리와 대화 전략의 통합이다. 사용자의 발화 습관, 억양, 반복 오류 패턴 등을 반영한 사용자 적응형 오류 사전(user-adaptive error lexicon) 구축은 정밀한 오류 처리를 가능하게 한다. 또한 인간은 말실수 후 되묻기, 수용 등의 전략을 통해 상호작용을 이어간다(Clark & Wilkes-Gibbs, 1986). AI 역시 의미 확인, 사과, 재요청 등 대화적 오류 허용 전략을 모사함으로써, 오류 이후 사용자 신뢰를 회복할 수 있다(Baughan et al., 2023).

종합하면 AI는 음향 기반, 문맥 기반, 자기 수정 모사, 다중 입력 통합 등 다양한 방식으로 말실수를 처리하고 있다. 그러나 화자의 의도, 창의적 표현, 사회·문화적 맥락에 대한 깊은 이해는 아직 부족하다. 향후 사용자 반응을 실시간으로 분석하고 문맥과 의미를 통합적으로 해석하는 적응형 모델(adaptive model)이 말실수 처리의 핵심으로 부상할 것으로 예측된다.

참고문헌

Baughan, A. et al.(2023). A mixed-methods approach to understanding user trust after voice assistant failures. *Proceedings of the 2023 CHI Conference on Human Factors in Computing Systems*, pp.1~16.

Bender, E. M. & Koller, A.(2020). Climbing towards NLU: On meaning, form, and understanding in the age of data. *Proceedings of the 58th annual meeting of the association for computational linguistics*, pp.5185~5198.

Blodgett, S. L. et al.(2016). Demographic dialectal variation in social media: A case study of African-American English. arXiv preprint arXiv:1608.08868.

Carroll, D. W.(1986). *Psychology of language.* Thomson Brooks/Cole Publishing Co. 이광호·박현수 옮김(2009). 《언어심리학》. 박학사.

Clark, H. H. & Wilkes-Gibbs, D.(1986). Referring as a collaborative process. *Cognition, 22*(1), pp.1~39.

Fromkin, V. A.(1971). The non-anomalous nature of anomalous utterances. *Language, 47*(1), pp.27~52.

Holtzman, A. et al.(2019). The curious case of neural text degeneration. arXiv preprint arXiv:1904.09751.

Hough, J. & Schlangen, D.(2017). Joint, incremental disfluency detection and utterance segmentation from speech. *Proceedings of the 15th Conference of the European Chapter of the Association for Computational Linguistics (EACL 2017), 1*, pp.326~336. Association for Computational Linguistics.

Laptev, A. & Ginsburg, B.(2023). Fast Entropy-Based Methods of Word-Level Confidence Estimation for End-To-End Automatic Speech Recognition. *Proceedings of the 2022 IEEE Spoken Language Technology Workshop (SLT)*, pp.152~159. IEEE.

Levelt, W. J.(1993). *Speaking: From intention to articulation.* MIT press.

Lou, J. & Johnson, M.(2020). Improving Disfluency Detection by Self-Training a Self-Attentive Model. *Proceedings of the 58th Annual Meeting of the Association for Computational Linguistics(ACL 2020)*, pp.3754~3763.

Marvin, R. & Linzen, T.(2018). Targeted syntactic evaluation of language models. arXiv preprint arXiv:1808.09031.

Peters, M. E. et al.(2018). Deep contextualized word

representations. *Proceedings of the North American Chapter of the Association for Computational Linguistics (NAACL-HLT 2018)*, pp.2227~2237.

Radford, A. et al.(2023). Robust speech recognition via large-scale weak supervision. International conference on machine learning, pp.28492~28518. PMLR.

Sun, J. et al.(2022). Dialect-robust evaluation of generated text. arXiv preprint arXiv:2211.00922.

Xu, Z. et al.(2024). A good pun is its own reword: Can Large Language Models Understand Puns?. arXiv preprint arXiv:2404.13599.

Zayats, V. et al.(2016). Disfluency Detection using a Bidirectional LSTM. *Proceedings of Interspeech 2016*, pp.2523~2527.

06
개인어와 AI

모든 사람은 각자 고유한 언어를 사용한다. 단어 선택, 표현, 발음, 말의 속도까지 이른바 '개인어'는 한 개인의 사고방식, 정체성과 감정이 드러나는 언어적 지문이다.

AI는 사용자별 맞춤 학습, 페르소나 설정, 메모리 기반 학습 등을 통해 개인어를 처리하려 시도하지만, 여전히 스타일 반영이나 정서적 뉘앙스 표현에는 한계가 있다. 특히 맥락 조정 없이 훈련된 AI의 언어는 개인적 의미, 개성, 문화적 배경을 충분히 반영하지 못하며, '개인어'라기보다 '평균어'에 가깝게 작동한다.

AI와 민주주의?

AI의 개인어 처리: 저자 식별에서 문체 생성까지

개인어(idiolect)는 한 개인이 사용하는 고유한 언어 스타일과 표현 방식으로 언어 변이의 가장 미시적 단위이자 개인의 언어적 정체성을 반영한다.

레너드 블룸필드(Leonard Bloomfield)는 《Language》(1933)에서 언어 공동체를 상호작용하는 집단으로 정의했고, 개별 화자의 언어 사용이 완전히 일치하지 않음을 시사했다. 이후 'idiolect(개인어)'의 용어와 개념은 버나드 블로흐(Bernard Bloch)가 1948년 논문에서 처음 사용하였다. 개인어는 언어의 사회적 변이와는 구별되는 개인적 변이로, 실제로 개인마다 어휘 선택, 문장 구조 및 길이, 철자 및 구두점 사용, 표현 빈도 등에서 일관된 특성을 보이며, 특정 개인을 식별할 수 있을 정도의 특이성과 안정성을 지닌다. 이러한 언어적 특성은 통계적·기계 학습 방식으로 추출 가능하며(Stamatatos, 2009), 특정 개인의 언어 스타일을 식별하는 데 활용될 경우 '언어적 지문(linguistic fingerprint)'이라 불리기도 한다.

초기 AI의 개인어 인식 기술은 저자 식별(author attribution)에 주로 집중했다. 이는 텍스트 내 문체적 특징을 분석해 개별 화자의 언어 사용이 타인과 구별될 수 있다는 전제에 기반한다. 이러한 맥락에서, 최근 대규모 언어 모델을 이용한 연구에서 셜록 홈스(Sherlock Holmes)와 같은 탐정 캐릭터의 언어적 · 행동적 특징을 체계적으로 추출해 AI가 논리적 추론, 세밀한 관찰, 냉철한 어조 등 개별 문체와 특성을 높은 정확도로 구분해냈다(de Lima et al., 2025). 또한 1510만여 편의 생명의학 논문을 분석해 AI가 학술 문체에 미친 영향을 추적한 결과, 챗GPT 등 대규모 언어 모델의 확산 이후 delve(탐구하다, 찾다), showcase(보여주다), underscore(강조하다) 등 평소 과학 논문에서 드물게 사용되던 단어들의 빈도가 급증했으며, 명확한 문체적 변화가 관찰되었다(Kobak et al., 2024).

한편 저자 식별 기술은 정보 보안, 사이버 수사, 저자 인증, 사기 탐지, AI 기반 추천 시스템, 언어 기반 생체 인증(linguistic biometrics) 등 다양한 분야로 확대되고 있다(Stamatatos, 2009). 더 나아가 최근 AI는 단순한 식별을 넘어 개별 화자의 문체를 학습 · 재현하는 단계에 이르렀다. 문체 전이(style transfer)는 AI가 특정 사용자의 언어 스타일을 학습한 후, 유사한 문체의 텍스트를 생성하는 기술이다. 가령 AI는 작가별 문체를 학습한 후 해당 스타일을 유지하며 새로운 문장을 생성할 수 있다(Gero et al., 2019). 특히 GPT-3 이후 대규모 언어 모델에서는 퓨 숏 러닝(few-shot learning)이 널리 활용되며, 사용자로부터 제공받은 몇 개의 문장만으로도 어휘 선택, 어조, 구문 구조 등을 추론해 유사한 문체를 생성할 수 있다(Brown et al., 2020). 이러한 기술은 개인화된 언어 모델을 가능하게 하여, 학습자 수준에 맞춘 교육 콘텐츠 제공(교육), 특정 문체를 모방한 창작 지원(창작), 개별 사용자 말투를 반영한 디지털 아바타 구현(아바타 설계) 등 다양한 응용 분야에서 활용될 수 있다. 다만 AI 언어 모델은 일반화된 언어 사용(lect)이나 언어 패턴 학습에는 능숙하지만 개인어의 고유한 언어적 특성을 섬세하게 반영하는 데에는 여전히 한계가 있다.

AI 개인화의 세 가지 전략: 프로필, 프롬프트, 기억 기반 개인화

AI의 개인어 처리는 특정 개인의 고유한 언어 스타일, 표현 습관, 정체성을 반영한 발화 방식을 포착·모방하는 기술이다. 이를 위해 최근 개인화 기술이 활발히 논의 중이며 크게 세 가지 전략이 사용된다.

첫째, 사용자 프로필 기반(persona-based) 개인화다. 이 방식은 사용자의 성격 · 관심사 · 가치관 등의 언어 외적 정보를 사전에 정의된 프로필(persona) 형태로 설정하고, 언어 모델이 이를 바탕으로 대화를 생성한다. 가령 Persona-Chat 모델은 "I like to play basketball", "I have two dogs", "I work as a teacher"와 같은 간단한 문장으로 구성된 사용자 프로필에 기반해 대화 에이전트가 발화를 생성하도록 설계된다(Zhang et al., 2018). 이때 초점은 문체나 표현 방식의 재현보다 정체성에 기반한 내용적 일관성(coherence of content) 유지에 있다. 즉 프로필 정보는 문체 모방에 직접적으로 관여하지 않지만, 모델이 생성한 발화에서 해당 인물의 성격 · 관심사 등이 일관되게 드러나도록 기여한다. 그러나 이 접근은 주로 내용 정보(what is said)에 초점을 두어, 사용자의 관심사 · 경험 · 선호 주제 등 '무엇을 말할지'를 대화 맥락에서 지속적으로 반영할 수 있으나, 문체 · 구문 · 어휘 등 언어 표현 방식(how it is said)을 일관되게 재현하는 데 한계가 있다.

둘째, 프롬프트 기반 문체 적응(prompt-based) 방식이다. 이 방식은 별도의 사용자 프로필 없이, 사용자가 제공한 예시 문장을 바탕으로 문체 · 어조 · 문장 길이 등의 스타일을 AI가 추론해 재현한다. GPT-3를 비롯한 대규모 언어 모델에서는 퓨 숏 러닝, 문맥 내 학습

(in-context learning)이 널리 활용되며(Brown et al., 2020), 단기적으로 사용자의 언어 스타일을 모방하는 준(準)개인화가 가능하다. 가령 "내 마음에 비가 내린다", "아, 비의 노래여"—폴 베를렌(Paul Verlaine)의 시 〈가을의 노래(Chanson d'automne)〉 구절—를 입력하면, AI는 은유 · 감각 묘사 · 어조 등의 특징을 추출해 유사한 스타일로 문장을 생성한다. 이를 프롬프트 프로그래밍이라고 하며, 단 몇 개의 문장 예시만으로도 문체 · 구문 구조 · 응답 포맷 등을 유연하게 조정할 수 있다(Brown et al., 2020; Reynolds & McDonell, 2021). 이 방식은 사용자의 예시 문장을 기초로 문체를 빠르게 모사할 수 있으나, 표면적 언어 패턴 모방에 그친다는 한계가 있다. 또한 문체의 일관성 유지가 어렵고, 사용자의 능동적 설계가 필수적이며, 스타일의 의미적 맥락(정체성 · 감정 · 문화 배경 등)은 반영되지 않는다. 즉 AI는 예시나 지시문을 통해 표현 방식을 비교적 정확히 모방할 수 있으나, 발화가 선택되는 이유나 맥락적 목적에 대한 이해는 제한적이다(Bommasani et al., 2021; Brown et al., 2020; Reynolds & McDonell, 2021).

셋째, 기억 기반 개인화(memory-based personalization)다. 이 방식은 정적 프로필이나 단기 프롬프트에 의존하지 않고, 사용자와의 상호작용 이력을 장기적으로 축적해 이를 대화에 반영한다. 가령 맞춤형 GPT (Custom GPT)나 레플리카(Replika)와 같은 AI 챗봇은 사용자의 관심사, 언어 습관, 감정 반응 등을 기억해 더욱 맥락적이고 지속적인 개인화를 실현한다(Yuan et al., 2023). 그러나 이 방식도 문체나 언어 형식의 미세한 재현에는 한계가 있으며, 개인정보 보호 및 윤리적 쟁점이 수반된다. 특히 사용자의 동의 없이 기억을 축적·활용할 경우, 사생활 침해로 이어질 수 있다.

AI는 누구의 언어를 기억하는가: 데이터 편향과 언어적 배제

AI의 개인어 처리 기술이 점점 정교해지고 있지만 이 기술이 모든 사용자에게 동일하게 적용되지는 않는다. 이는 훈련된 데이터의 구성과 범위, 데이터에 포함된 언어적 다양성과 대표성 정도에 의존하기 때문이다.

첫째, 대표성 편향(representation bias) 문제가 있다. 대규모 언어 모델은 유명 작가·철학자 등의 문체를 일정 부분 재현할 수 있다. 이는 이들의 텍스트가 공개 코퍼스(웹사이트, 서적, 논문 등)에 풍부하게 포함되어 있어 충분한 학습이 가능했기 때문이다. 반면 일반인의 개인어는 훈련 데이터에 포함될 가능성이 낮아 학습 기회 자체가 제한된다. 결과적으로 대규모 언어 모델은 구조적으로 대표성 편향을 내포한다(Bommasani et al., 2021).

둘째, 기억의 윤리와 언어적 배제의 문제다. 기억 기반 개인화는 AI가 특정 사용자의 언어 특성을 장기적으로 축적 · 반영한다는 점에서 기술적으로 진보된 방식이지만, 동시에 'AI는 누구를 기억하는가?'라는 질문을 제기한다. 훈련 데이터에 포함되지 않은 사용자나 소수 언어 사용자의 표현은 학습에서 배제되며, 이로 인해 AI는 특정 집단의 언어를 존재하지 않는 것으로 간주한다. 이는 언어 기술이 다양한 언어적 표현과 지식 주체를 배제할 수 있다는 점에서, 지식적 불평등(epistemic injustice)을 초래할 수 있다(Helm et al., 2023). 특히 소수 언어, 방언, 또는 특정 문화적 배경을 지닌 언어는 AI 시스템의 학습과 재현 범주에서 벗어나기 쉬우며, 이는 사회적 배제를 심화시키는 결과로 이어질 수 있다(Blodgett et al., 2020).

셋째, 기억 기반 개인화는 개인정보 보호 및 정보 윤리 측면에서 중요한 쟁점을 동반한다. 사용자의 언어 데이터를 장기적으로 저장 · 활용하는 과정에서 감정 · 정체성·신념 등 민감한 정보가 AI에 의해 추론되거나 예측될 수 있고, 이는 고도의 개인화를 가능하게 하면서도 사생활 침해나 정보 오용의 위험성을 높인다. 이에 이 기술 활용에는 윤리적 기준과 규제 장치의 정비가 필수적이다.

AI의 개인어 처리: 정체성, 소유권, 윤리적 쟁점

AI가 개인어를 포착·재현하는 기술은 단순한 문체 복제를 넘어, 언어를 통한 정체성 표현의 모방이라는 보다 심층적 문제를 제기한다.

개인어는 단순한 언어적 습관이 아니라 한 개인의 감정, 가치관, 기억, 사회적 위치 등 복합적 정체성이 반영된 언어적 표현 방식이다. 따라서 AI가 특정 개인의 문체를 학습하고 재생산하는 것은 개인의 언어 정체성이 알고리즘적으로 전유(possessed)될 수 있음을 시사한다(Bender et al., 2021). 이 과정에서 정체성의 맥락·심리·사회적 특질이 기술적 시스템에 흡수될 때, AI가 무엇을, 누구를, 어떻게 재현·복제하는가에 관한 윤리적·사회 문화적 논란이 불가피하다. AI의 개인어 학습 과정 시 발생하는 저작권 및 표현 주체성 문제 역시 중요하다. 가령 AI가 유명 작가나 연구자의 문체를 기반으로 새로운 텍스트를 생성할 경우, 해당 결과물의 창작성과 소유권은 누구에게 귀속되는가? 사용자, AI, 또는 원문체 제공자 중 저작권의 주체와 책임의 한계는 여전히 법적으로 불명확하다(Hugenholtz & Quintais, 2021). 그리고 AI가 인간의 정체성을 차용하여 새로운 결과물을 산출할 경우 이는 기술적 복제를 넘어 윤리적 침해의 문제로 이어질 수 있다.

AI 시대의 개인어는 더 이상 비물질적 표현이 아닌 디지털 자산으로 기능하기 시작했다. AI가 특정 사용자의 언어 습관, 문체, 표현 방식을 장기적으로 저장 · 활용 · 상업화하는 현상은 언어의 상징 자본으로 사회적 위계와 권력을 재생산하는 새로운 기술적 도구로 분석될 수 있다(Bourdieu, 1982; Zuboff, 2023). 언어 자체가 데이터화되어 권력 구조, 상업적 이익, 사회적 자원으로 전이되는 것이다.

이제 AI의 개인어 처리 기술은 언어적 모방이라는 기술적 진보를 넘어, 정체성의 시뮬레이션, 표현의 소유권, 언어의 자산화 등 새로운 윤리적 · 사회 문화적 쟁점을 동반한다. 향후 생성형 AI가 인간의 언어를 대리하거나 재구성하는 범위가 확대될수록, 개인어에 대한 법적 보호와 규범적 가이드라인의 정립이 필요하다.

참고문헌

박선우 외(2024). "사용자의 세부적인 특성을 반영한 BERT 기반 호텔 추천 시스템 개발". 《지능정보연구》, 30(1), 139~158쪽.

Bender, E. M. et al.(2021). On the dangers of stochastic parrots: Can language models be too big?. *Proceedings of the 2021 ACM conference on fairness, accountability, and transparency*, pp.610~623.

Blodgett, S. L. et al.(2020). Language (technology) is power: A critical survey of "bias" in NLP. arXiv preprint arXiv:2005.14050.

Bommasani, R. et al.(2021). On the opportunities and risks of foundation models. arXiv preprint arXiv:2108.07258.

Bourdieu, P.(1982). *Ce que parler veut dire: L'économie des échanges linguistiques*. Fayard.

Brown, T. et al.(2020). Language models are few-shot learners. *Advances in neural information processing systems, 33*, pp.1877~1901.

de Lima, E. S. et al.(2025). Characterizing the Investigative Methods of Fictional Detectives with Large Language Models. arXiv preprint arXiv:2505.07601.

Gero, K. et al.(2019). Low-level linguistic controls for style transfer and content preservation. arXiv preprint arXiv:1911.03385.

Helm, P. et al.(2023). Diversity and language technology: how techno-linguistic bias can cause epistemic injustice. arXiv preprint arXiv:2307.13714.

Hugenholtz, P. B. & Quintais, J. P.(2021). Copyright and artificial creation: does EU copyright law protect AI-assisted output?.

IIC-International Review of Intellectual Property and Competition Law, 52(9), pp.1190~1216.

Kobak, D. et al.(2024). Delving into ChatGPT usage in academic writing through excess vocabulary. arXiv preprint arXiv:2406.07016.

Reynolds, L. & McDonell, K.(2021). Prompt programming for large language models: Beyond the few-shot paradigm. *Extended abstracts of the 2021 CHI conference on human factors in computing systems*, pp.1~7.

Stamatatos, E.(2009). A survey of modern authorship attribution methods. *Journal of the American Society for information Science and Technology, 60*(3), pp.538~556.

Yuan, R. et al.(2023). Personalized Large Language Model Assistant with Evolving Conditional Memory. arXiv preprint arXiv:2312.17257.

Zhang, S. et al.(2018). Personalizing dialogue agents: I have a dog, do you have pets too?. *Proceedings of the 56th Annual Meeting of the Association for Computational Linguistics (Volume 1: Long Papers)*, pp.2204~2213. Association for Computational Linguistics.

Zuboff, S.(2023). The age of surveillance capitalism. In Longhofer, W. & Winchester, D.(eds.). *Social theory re-wired*, pp.203~213. Routledge.

07
법 언어와 AI

법 언어는 일반 언어와는 크게 다르다. 명확성, 일관성, 형식성, 맥락에 따른 엄밀한 해석이 요구된다. 법률 문서의 단어 하나가 판결을 좌우하고, 해석의 차이에 따라 법적 효력이 달라진다. AI는 법률 조항을 기반으로 한 특화 사전 학습, 조항 검색 및 요약 기능, 질의응답 기반 추론 등을 통해 법 언어를 처리한다. 그러나 조항 간의 논리 구조, 전제에 기반한 해석, 사회적 맥락을 고려한 적용에는 한계가 있다. AI는 법 언어의 '표면적 정확성'은 구현할 수 있어도 '법적 타당성'까지 보장하지는 못한다.

AI와 애니메이션?

고도로 규범화된 법 언어, 그 해석의 다양성

법은 규범과 권리를 규정하는 언어 시스템으로 사회 질서 유지와 분쟁 해결을 위한 핵심 도구다. 헌법 · 법률 · 판례 · 계약서 등 모두 언어(텍스트) 형태로 존재하며 해석과 추론을 통해 적용된다. 법 언어(legal language)는 일반 언어와 달리 정확성 · 체계성 · 예측 가능성을 중시하며 고도로 형식화된 전문 언어다(Bhatia, 1993; Tiersma, 1999).

그러나 실제 법률 적용에는 '상당한 이유', '현저한 의문', '적절한 기간' 등의 표현처럼 법 언어의 명확하고 객관적인 기준이 불분명하며, 맥락에 따라 그 해석이 달라진다. 이러한 다의성과 문맥 · 맥락 의존성은 법 언어의 주요 특성이자 해석의 다양성을 낳는 요인이다.

최근 자연어 처리 기술의 발전은 법 언어를 기계가 자동으로 분류 · 분석 · 요약하며 더 나아가 법적 판단을 보조하는 수준에까지 이르게 했다. 국내에도 다수의 관련 시스템이 개발 중이다(김민주 외, 2024). 이처럼 법 언어는 의미의 유동성과 규범적 판단이라는 특수한 언어적 맥락을 내포하므로(Bhatia, 1993), 이를 AI가 정확히 해석 · 재현하는 데에 분명한 한계가 있다(Ariai et al., 2024). AI가 법 언어를 정확히 처리하려면 법 언어 고유의 언어적 특성과 구조적 조건을 충분히 반영해야 한다. 다음 몇 가지 특성(Tiersma, 2008)은 AI가 법 언어를 정확히 처리하기 어렵게 만드는 구조적 요인이다.

첫째, 법 언어는 정밀성을 지향하되 동시에 추상성과 해석의 유연성을 내포한다. 기본적으로 법령은 법적 안정성과 예측 가능성의 확보를 위해 정확하고 정형화된 문장 구조를 채택한다. 하지만 실제 조문에는 '상당한 이유', '공공복리', '불가피한 사정', '타당한 기간', '상식적 판단', '사회적 안전' 등과 같은 추상적이고 일반화된 표현이 자주 등장한다(Bhatia, 1993; Tiersma, 1999). 또한, 가령 '위력으로써 사람의 업무를 방해한 자'(「형법」 제314조 제1항)에서 '위력'의 정의는 명확하지 않으며, 그 의미는 행위의 방식 · 강도 · 피해자의 주관적 인식 등 다양한 요소를 종합적으로 고려해 판단된다. 이처럼 법 언어의 정밀성과 모호성, 보편성과 문맥 의존성이 공존하는 이중적 속성은, AI가 법 언어를 표면적 통계 패턴 분석만으로는 온전히 파악하기 어려운 한계로 작용한다.

둘째, 한국어 법령은 높은 전문성 · 일관성 유지를 위해 일상어와는 다른 어휘 체계를 사용한다. 가령 '기망', '위법', '소멸시효' 등 한자어 중심 용어와 '~하여야 한다', '~아니 한다' 등과 같은 문어적 · 고어적 표현이 빈번히 사용된다. 이러한 형식성과 규범성은 법 언어의 정체성을 강화하지만, 현대적 언어 감각과는 괴리가 있다. 따라서 비전문가(일반인)의 이해와 접근이 쉽지 않으며, 이는 법 해석 및 적용 과정에서 소통의 장벽으로 작용한다. 이와 유사하게 영미법에서도 'hereby(이에 따라, 이로써)', 'thereof(그, 그의, 그것에 대한)', 'hereinafter(이하, 아래에, 이하에서)' 등과 같은 고어적 · 형식적 표현이 자주 등장한다(Tiersma, 2008).

셋째, 법령은 법적 정합성과 해석의 일관성 확보를 위해 긴 문장(복잡한 문장 구조), 중첩 구조, 참조식 표현(반복적 참조)을 적극 활용한다. 가령 '제3조 제1항 제2호의 규정에 따라…' 와 같이 쉼표(구두점) 없이 조 · 항 · 호를 연속적으로 나열하거나, 문장 내에서 반복적으로 다른 조문을 참조하는 구조가 자주 등장한다. 이 역시 비전문가에게는 문장 의미 이해를 어렵게 만든다.

넷째, 법 언어는 행위의 허용 · 금지 · 의무를 명확히 규정하기 위해 '~하여야 한다', '~해서는 아니 된다' 등과 같이 명령적 어조와 규범적 문체를 기본으로 한다. 이는 일상 언어와의 문체적 간극을 형성하며, AI가 법 언어를 요약 또는 번역할 때 법 언어 사용역(법률적 뉘앙스, 권위감 등)이나 규범적 어조가 손상될 우려가 있다.

다섯째, 법 언어는 맥락 의존성과 역사성을 내포한다. 같은 조항이라도 사건의 맥락, 시대적 배경, 사회 인식의 변화에 따라 판례 해석이 달라질 수 있다. 이는 법 언어가 문자적 의미를 넘어서 법적 맥락과 가치 판단까지 포함함을 뜻한다. 즉 법 언어는 문맥과 맥락, 역사적 변수에 따라 그 해석과 적용이 달라질 수 있다는 점에서 AI의 자동 분석에 한계가 있다.

AI의 법 언어 처리: 법률 도메인 특화 학습, 의미 추론, 실무 응용

AI의 법 언어 처리는 인간 법률가, 법조인이 수행해 온 언어 기반의 법적 판단 행위, 가령 법령 해석, 판례 분석, 계약 검토, 법률 질의응답 등을 기계가 자동화하는 과정이다.

현재 AI는 법률 실무에서 그 활용 영역을 점차 확대하고 있다. 대표적 응용 사례로 판례 요약(법적 쟁점의 핵심 도출), 계약서 자동 생성 및 리스크 탐지, 법률 질의응답, 사건 예측 등이 있다(Aletras et al., 2016). 가령 Lexis+AI, Westlaw Edge와 같은 AI 법률 서비스는 판례 분석, 문서 분류, 위험 평가 등의 고도화된 법률 서비스를 제공한다. 이들 기술은 단순한 문장 해석을 넘어 법적 규범, 문맥 의존성, 해석의 층위, 논증 구조(argumentation structure) 등을 포괄해야 하므로, 복합적이고 정교한 언어 처리가 필요하다.

첫째, AI가 법 언어를 정확히 처리하려면 도메인 특화 사전 학습(domain-specific pretraining)과 과제별 미세조정(task-specific fine-tuning)이 필요하다. 즉 법률 코퍼스로 사전 학습한 모델을 토대로 판결 예측, 유사 판례 검색, 법률 추론, 논거-결론 관계 분석 등 구체적 과업에 맞게 조정함으로써, 단순한 문장 해석을 넘어 사실 관계와 법적 판단의 논리적 구조를 파악할 수 있다(Zheng et al., 2021; Zhong et al., 2018). 가령 미국의 Legal-BERT는 판례, 법령, 계약서 등으로 구성된 대규모 법률 문서를 활용하여 기존의 BERT 모델을 사전 재학습한 모델로, 법률 용어의 의미 해석, 복잡한 문장 구조 분석, 조항 간 논리 관계 파악 등에서 우수한 성능을 보인다(Chalkidis et al., 2020).

둘째, 법률 문서의 구조 분석이 필요하다. 법률 문서는 문장의 단순 나열이 아니라 논증 구조와 참조 구조(citation structure)로 구성된다. 논증 구조는 판례나 계약서에서 주장 · 사실 · 근거 · 결론의 관계가 논리적 연쇄를 이루는 방식으로, 논증 구조 추출(argument mining) 기술은 이를 파악하고 문장의 역할을 자동 분류한다(Mochales & Moens, 2011). 그리고 참조 구조는 법령과 판례에서 조문 간의 인용, 판례 참조, 선례 적용 등 맥락적 연결을 의미한다. AI가 이러한 구조를 인식함으로써 단일 문장의 의미뿐 아니라 법적 정당화 체계 전체를 파악할 수 있게 된다.

셋째, 질의응답과 문서 요약 · 생성(summarization & generation)은 응용 시스템에 필수적이다. AI가 법 언어를 처리하는 궁극적 목적 중 하나는 일반인을 위한 법률 서비스의 자동화다. 가령 사용자가 '근로계약 해지 시 사전 통지 기간은?'과 같은 질문을 입력하면, AI는 관련 조문과 판례를 자동 검색해 응답을 생성한다. Lexis+AI, Westlaw Edge, Harvey AI(GPT-4 기반) 등이 대표적 사례다. 하지만 환각(hallucination), 법 언어 사용역 부조화, 관할권 구분 미비—국가별 법체계나 관할 구분을 정확히 반영하지 못하는—등은 여전히 실무적 한계다(Bommarito & Katz, 2022; Magesh et al., 2025). 또한 판례 · 계약서 · 조문의 요약 및 문서 자동 생성이 기술적으로는 가능하더라도, 법 언어 고유의 뉘앙스와 규범적 어조가 훼손될 위험도 존재한다(Bhattacharya et al., 2019).

AI, 법 언어 처리의 복잡성과 한계

AI의 법 언어 처리에는 규범적 추론이나 가치 판단이 개입될 여지가 없으므로 이는 몇 가지 구조적 한계를 내포한다.

첫째, AI가 판례 및 조문 간 참조 구조를 충분히 이해하기 어렵다. 법 언어는 개별 조문이 고립된 의미를 갖기보다 다른 조문 및 판례와의 상호 참조를 통해 의미가 완성된다. 가령 '제5조 제3항 단서에 따라…'와 같은 표현은 해당 조문뿐 아니라 그와 관련된 조항 전체의 체계와 문맥 속에서 해석되어야 한다. 하지만 AI는 이러한 법적 참조 구조의 논리적 연결보다 표면적 언어 유사성이나 국지적 문맥 정보에 의존하여 응답을 생성하는 경향이 크다. 따라서 조항 간의 체계적 관계가 충분히 반영되지 못하거나, 중요한 참조 조문의 누락 오류가 발생할 수 있다. 이러한 구조적 오류를 줄이기 위해 최근 반복적 프롬프트 조정 기법(iterative prompting)이 적용되고 있으나, 인간 전문가 수준의 일관된 참조 해석을 완전히 재현하지는 못하고 있다(Zhong et al., 2020).

둘째, AI의 법 언어 해석에 의미적 유연성이 충분히 반영되기는 어렵다. 즉 AI는 텍스트의 문자적 의미를 넘어서는 의미 이동 또는 판례 축적에 따른 해석 변화를 효과적으로 반영하지 못한다. 가령 '상당 기간'은 한 사건에는 6개월, 다른 사건에는 2년으로 판단될 수 있는데, 이는 사안의 특수성, 사회적 통념, 과거 판례와의 정합성 등에 따라 다를 수 있다. 이러한 맥락적 해석은 인간 판사가 각 사안의 특성을 면밀히 고려한 결과지만, AI가 새로운 사례의 구체적 맥락을 반영해 판단 기준을 조정하는 것은 여전히 어려운 과제다. 실제로 AI는 미국 변호사시험(Multistate Bar Exam)에서 상당한 수준의 정답률을 보였지만, 해석의 일관성과 논증력 측면에서는 인간 수험자보다 낮은 평가를 받았다(Bommarito & Katz, 2022). 즉 AI가 결과 예측에는 강점을 보이지만, 해석의 정당한 경로를 구성하고 다양한 가능성을 타진하는 데에는 한계가 있다.

셋째, 법 언어의 언어 사용역 인식 문제다. 법 언어는 법정이라는 제도적 공간, 판결문이라는 문서 장르 특성, 그리고 '~하여야 한다', '~해서는 아니 된다'와 같은 정형화된 문체와 담화 관습을 특징으로 하는 특수한 언어 사용역에 속한다(Bhatia, 1993; Tiersma, 1999). 이러한 사용역은 법 언어의 형식성 · 권위성 · 규범성을 구성하는 핵심 요소다. 하지만 AI가 이러한 법적 문체를 충분히 인식하지 못해, 사용자 질의에 비전문적이고 일상적 언어로 응답하거나, 판결문을 요약하면 법률적 문체를 손상시키게 된다. 가령 '피고는 형법 제314조 제1항 위반으로 유죄 판결을 받았다'는 법적 표현을 AI가 단순히 '피고는 나쁜 일을 했다'로 요약한다면, 법적 규범 판단을 일상적 도덕 평가로 축소·왜곡하여 법 언어의 본질과 권위가 훼손될 위험이 있다.

이밖에도 AI는 판결 결과를 예측할 수는 있지만, 그 결과가 왜 정당하며, 다른 해석 가능성은 왜 배제되었는지에 대해 논리적으로 잘 설명하지 못한다. 이는 법적 판단에서 중요한 정당화 구조(근거, 논리적 일관성, 법리적 타당성) 및 논증력 부재로(Bench-Capon & Sartor, 2003) 법률 분야의 신뢰성·정당성을 훼손시킬 우려가 있다. 종합하면 AI는 법 언어의 표면적 형식과 구문 구조는 비교적 잘 모사할 수 있다. 하지만 그 이면에 자리 잡은 규범적 맥락, 다양한 해석 가능성의 정당화, 그리고 사회적 가치와 법적 정당성의 종합적 조율에는 근본적 한계가 있다. 법 언어의 해석은 단순한 언어 처리 문제가 아니라, 사회적 가치와 법적 정당성을 조율하는 복합적 판단 과정이기 때문이다. 이러한 본질적 한계로 현재 법 언어에 AI의 활용은 인간 전문가의 보조적 수단을 넘어서기 어렵다.

참고문헌

김민주 외(2024). “법률적 설명을 제공하는 정관 자동 검토 시스템 개발”. 《정보과학회지》, 42(4), 57~65쪽.

Aletras, N. et al.(2016). Predicting judicial decisions of the European Court of Human Rights: A natural language processing perspective. *PeerJ computer science, 2*, e93.

Ariai, F. et al.(2024). Natural language processing for the legal domain: A survey of tasks, datasets, models, and challenges. arXiv preprint arXiv:2410.21306.

Bench-Capon, T. & Sartor, G.(2003). A model of legal reasoning with cases incorporating theories and values. *Artificial Intelligence, 150*(1-2), pp.97~143.

Bhatia, V. K.(1993). *Analysing genre: Language use in professional settings*. Routledge.

Bhattacharya, P. et al.(2019). A comparative study of summarization algorithms applied to legal case judgments. In *Advances in Information Retrieval(ECIR 2019)*, pp.413~428.

Bommarito II, M. & Katz, D. M.(2022). GPT takes the bar exam. arXiv preprint arXiv:2212.14402.

Chalkidis, I. et al.(2020). LEGAL-BERT: The muppets straight out of law school. *Findings of the Association for Computational Linguistics: EMNLP 2020*, pp.2898~2904. Association for Computational Linguistics.

Magesh, V. et al.(2025). Hallucination-Free? Assessing the Reliability of Leading AI Legal Research Tools. *Journal of Empirical Legal Studies, 22*(2), pp.216~242.

Mochales, R. & Moens, M. F.(2011). Argumentation mining.

Artificial intelligence and law, 19(1), pp.1~22.

Tiersma, P. M.(1999). *Legal language.* University of Chicago Press.

Tiersma, P. M.(2008). The nature of legal language. In Gibbons, J. & Turell, M.(eds.), *Dimensions of forensic linguistics,* pp.7~25. John Benjamins Publishing Company.

Zheng, L. et al.(2021). When does pretraining help?: assessing self-supervised learning for law and the casehold dataset of 53,000+ legal holdings. *Proceedings of the eighteenth international conference on artificial intelligence and law,* pp.159~168.

Zhong, H. et al.(2018). Legal judgment prediction via topological learning. *Proceedings of the 2018 conference on empirical methods in natural language processing,* pp.3540~3549.

Zhong, H. et al.(2020). Iteratively questioning and answering for interpretable legal judgment prediction. *Proceedings of the AAAI Conference on Artificial Intelligence, 34*(1), pp.1250~1257.

08
자기조절 글쓰기와 AI

글쓰기는 단지 문장을 나열하는 행위가 아니다. 쓰기 목표 설정, 계획, 수행, 수정, 성찰 등 일련의 쓰기 과정을 스스로 조절하는 사고의 실천이다. 최근 생성형 AI는 쓰기 습관과 쓰기 성과, 쓰기 교육의 패러다임을 혁신적으로 변화시키고 있다. AI의 지원을 통해 자기조절 쓰기의 가능성과 효과는 크게 확대되었지만, 동시에 뇌 활동 감소, 메타인지적 나태, 인지적 외주화를 촉진하고, 반성적 판단과 글쓰기에 대한 심리적 소유감을 약화시킨다는 지적이 제기되고 있다.

AI와 인재 채용?

AI 기반 자기조절 글쓰기: 학습자 전략과 인지 기능의 변화

생성형 AI(generative AI, GAI)는 자기조절 글쓰기(self-regulated writing)의 세 단계인 계획(plan), 수행(performance), 성찰(reflection)을 지원하며 사고력, 조직력, 자기 평가, 피드백 활용 능력 등을 향상시킨다(Lan & Zhou, 2025).

현재 AI는 단순한 콘텐츠 생성 도구를 넘어서 인지적 파트너로서(Salomon & Perkins, 1998) 학습 전략 사용과 인지 기능을 촉진할 수 있다. 특별히 쓰기는 사고 과정을 계획하고 점검 · 조절 · 평가 · 수정하는 자기조절적 활동으로(Graham & Harris, 1989), 자기조절 쓰기는 목표 설정부터 계획, 모니터링, 성찰적 피드백에 이르는 인지 · 정서 · 행동 전략이 통합된 순환 과정이다(Schunk & Greene, 2017; Zimmerman, 2000, 2002). AI가 이러한 과정에 개입하면서 자기조절 쓰기의 새로운 모델들이 제시되고 있다(Aladini et al., 2025; Shi et al., 2025; Teng & Huang, 2019). AI는 쓰기 세 단계에서 유의미한 지원을 제공할 수 있다.

먼저 쓰기 계획 단계에서 AI는 아이디어 발산 · 브레인스토밍(brainstorming), 주제 탐색, 개요 설계, 개요 작성 등을 자동화하여 학습자의 목표 명료화와 사고 조직을 지원한다. 가령 GPT 기반 도구 'Scraft'는 소크라테스식 질문을 통해 사고의 구조화와 주제 명료화를 돕고(Kim & Tan, 2023), AI를 쓰는 도구가 아닌 '생각하는 파트너'로 인식하게 만든다. 또한 수행 단계(초고 작성, 표현)에서 AI는 논리 전개, 문장 제안, 요약 등의 기능을 통해 초고 작성의 부담을 줄여주고 언어적 약점을 보완한다. 더 나아가 학습자의 쓰기 불안 완화 및 쓰기 동기 강화에 기여할 수 있다.

실제로 AI를 활용하여 쓰기 과제를 수행한 후 학습자의 쓰기 성과, 쓰기 효능감 향상이 나타났고, 외국어 글쓰기의 경우 언어적 부담이 큰 비원어민 학습자들에게 인지적 부담 완화 효과가 확인되었다(Kasneci et al., 2023; Song & Song, 2023). 그리고 성찰 단계(수정, 피드백)에서 AI의 즉각적인 피드백은 학습자 스스로 자신의 글을 점검 · 수정하는 전략을 반복적으로 실행하도록 돕는다. 가령 AI를 활용한 글쓰기 시스템에서 학습자의 재작성 빈도 증가, 피드백 해석 및 반영 능력 향상, 성찰적 쓰기 행동 증가가 나타났다(Shibani et al., 2024). 이는 학습자에게 AI 피드백이 단순한 자기 점검을 넘어, 다양한 표현을 검토하고 비교 · 판단 · 선택하는 과정에서 자기 조절적 사고를 촉진한 것으로 보인다.

이밖에 AI 지원 자기조절 쓰기는 쓰기 능력, 조직력, 자기효능감, 동기 향상에 긍정적 영향을 미치며(Aladini et al., 2025; Song & Song, 2023), AI의 피드백과 프롬프트는 자기 점검과 전략 조정, 비판적 사고를 촉진하였다(Lan & Zhou, 2025; Shi et al., 2025). 또한 AI와의 상호작용은 메타인지적 사고를 강화하고(Lan & Zhou, 2025; Nguyen et al., 2024), 학습자 맞춤형 피드백을 통해 자기주도 학습을 지원(Mazi & Mazi, 2025)하는 것으로 나타났다.

AI 기반 글쓰기의 이면: 메타인지 약화와 인지적 외주화 위험

그런데 최근 생성형 AI를 활용한 글쓰기가 학습자의 쓰기 습관과 메타인지 기능에 부정적 영향을 미친다는 보고가 증가하고 있다.

먼저 AI의 반복적, 특히 무분별한 활용은 뇌 활동 감소와 메타인지 기능 저하를 초래할 수 있다. MIT Media Lab의 EEG(뇌전도) 실험 연구(Kosmyna et al., 2025)에 따르면, 챗GPT를 활용한 글쓰기 수행 집단의 뇌 활동(특히 전두엽 일부 인지 영역)이 챗GPT 활용 없이 쓰기를 수행한 집단보다 상대적으로 낮게 나타났다. 특히 뇌 활동 저하는 기억력과 창의성 관련 신경 신호의 감소를 동반하며, 이는 AI 도구 의존성 증가(인지 부채, cognitive debt)로 이어질 수 있음을 시사하였다. 또한 글쓰기에 챗GPT를 활용한 집단이 단기적 성과(과제 점수)는 높았지만, 장기적으로 메타인지 전략의 사용 빈도 감소, 자기조절 학습 과정의 단순화 경향이 관찰되었으나, 반면 지식 전이 및 내적 동기 향상은 나타나지 않았다(Fan et al., 2025). 즉 AI가 단순한 도구를 넘어 인지적 파트너 역할을 수행할 때에도, 학습자의 자율성 증진이라는 기대 효과와 별개로 외적 · 내적 의존성 심화와 주체적 사고 위축이라는 역효과를 초래할 수 있다. 이러한 역기능은 자기조절 쓰기의 각 단계별로 나타날 수 있다.

계획 단계에서 AI가 브레인스토밍, 글 구조 설계 등을 지원함으로써 학습자는 메타인지 조절(목표 설정, 전략 탐색 등) 없이도 글쓰기를 빠르게 시작할 수 있다. 하지만 이는 자율적인 목표 설정과 전략 탐색 기회를 축소시켜, 장기적으로 문제 해결 능력 성장에 부정적 영향을 미칠 수 있다. 수행 단계(표현)에서 AI는 문장 완성, 내용 확장, 반성적 점검 유도(예. 소크라테스식 질문)(Kim & Tan, 2023) 등의 기능을 제공하지만, 이러한 자동화 지원은 학습자의 사고, 점검, 평가 등 인지적 부담을 AI에 의존하게 함으로써 인지적 외주화를 초래할 수 있다 (Risko & Gilbert, 2016). 이는 결과적으로 자기주도적 전략 실험과 반성적 판단의 기회를 감소시킬 우려가 있다. 그리고 성찰 단계(피드백, 수정)에서 AI는 즉각적 피드백과 수정 제안을 제공하지만, 추론이나 설명 과정이 생략되므로 학습자가 AI 제안을 별다른 판단 없이 무비판적으로 수용하며 의존할 위험이 있다(Song & Song, 2023).

종합하면 AI의 반복적 또는 무분별한 활용은 뇌 인지 활동 저하와 메타인지적 나태(metacognitive laziness)를 유발하고(Fan et al., 2025), AI가 생성한 문장은 사용자가 기억하거나 스스로 통제하기 어려워 글에 대한 심리적 소유감(psychological ownership)을 약화시킨다 (Joshi & Vogel, 2025; Kosmyna et al., 2025). 이는 자기 성찰의 기회 감소로 이어져, 사고 중심 글쓰기의 전 과정을 위축시킬 수 있다.

AI를 인지적 파트너로 활용한 자기조절 쓰기 교수 전략

따라서 쓰기 학습(교육)에서 생성형 AI가 학습자의 자기주도적 사고력과 메타인지 발달을 저해하지 않도록, 도구 사용 방식과 학습자 · 교수자의 역할을 고려한 신중한 설계가 필요하다.

즉 AI는 단순한 내용 생성 도구가 아니라, 자기조절 쓰기를 지원하는 인지적 조력자로 활용되어야 하며, 이를 위해 쓰기 각 단계에 AI 기능을 유기적으로 통합한 교수 전략이 필요하다.

첫째, 프롬프트 기반 메타인지 자극 전략이다. 이 전략은 AI가 제시하는 반성적 질문을 활용하여 학습자가 자신의 사고 과정을 스스로 점검하도록 유도한다. 생성형 AI는 본래 사용자의 전략적 사고를 촉진하도록 설계되어 있지 않아 교수자는 "왜 이 표현을 선택했나요?", "이 문장이 전체 맥락과 유기적으로 연결되나요?"와 같은 메타인지적 질문을 프롬프트에 사전에 삽입하도록 설계해야 한다. 이러한 설계는 학습자의 비판적 사고와 반성적 질문 생성 빈도 향상에 효과적이다(Singh et al., 2025).

이 전략의 구성 절차는 다음과 같다. ① 교수자의 설계: 메타인지적 사고를 유발하는 프롬프트를 개발 · 제공한다. ② 학습자의 활용: 프롬프트를 기반으로 AI와 상호작용하며 반성적 질문에 응답한다. ③ 정리와 성찰:

'AI-학습자' 대화 기록과 전략 분석표를 학습 포트폴리오에 정리하고, 성찰 수준과 전략 수정 여부를 평가한다. 즉 쓰기 계획 단계와 초안 작성 이후, 학습자가 AI가 제시한 질문에 답하며 이를 기반으로 글을 수정·보완한다. 다만 이 방식은 프롬프트의 질이 낮거나 학습자가 피상적으로 응답할 경우 교육 효과가 제한될 수 있으므로 교수자는 동기 부여, 피드백 제공, 상호작용 설계를 통해 학습자의 깊이 있는 사고를 유도해야 한다.

둘째, AI 사용 기준 및 단서 설정 전략이다. 이 전략은 AI를 활용하기 이전에 학습자가 글쓰기 목표와 계획을 명확히 수립하고, AI 결과물을 비판적으로 분석·수정하는 자기주도적 활동을 중심으로 구성된다. 가령 학습자는 "오늘 AI에게 어떤 요청을 할 것이며, 그 이유는 무엇인가?"와 같은 질문을 포함한 자기 계획서를 사전에 작성하고, 과제 완료 후 'AI 사용 보고서'를 통해 AI 결과물의 장점·한계·수정 이유 등을 기록한다. 이 전략은 학습자의 자기효능감과 쓰기 성과 향상에 유의한 영향을 미친다(Zeitlhofer et al., 2023).

이 전략의 구성 절차는 다음과 같다. ① 자기 계획 수립: 글쓰기 목표·전략·AI 활용 계획을 명확히 작성한다. ② 글쓰기 시도 및 AI 활용: 계획에 따라 글을 작성하고 AI를 적절히 활용한다. ③ 비교 · 분석 및 성찰: 학습자 결과물과 AI 결과물을 비교 · 분석하고 수정 이유를 기록한다. 즉 학습자가 사전 계획서에 따라 AI에게 요청한 뒤, 결과물을 평가 · 수정하고 보고서에 기록한다. 다만 계획서 작성이 일부 학습자에게 부담스럽거나 형식적일 수 있으므로 교수자는 학습자 수준에 맞춘 유연한 구조화와 동기 부여를 제공해야 한다.

셋째, 설명 가능성 중심 설계 전략이다. 이 전략은 AI가 질문에 대한 응답(결과)만 제시하는 것이 아니라, 주장과 근거의 논리적 연결, 판단 이유 등을 함께 설명하도록 프롬프트를 설계하는 방식이다. 이 방식은 생성형 AI의 메타인지적 잠재력을 활용해 학습자의 이해 · 판단 · 비판적 사고를 촉진한다(Tankelevitch et al., 2024).

이 전략의 구성 절차는 다음과 같다. ① 교수자의 설계: 설명 유도형 프롬프트를 개발 · 제공한다. ② 학습자의 활용: 프롬프트를 기반으로 AI와 상호작용하여 답변과 설명을 얻는다. ③ AI 설명의 평가: 학습자가 AI 설명의 논리성과 타당성을 분석 · 평가한다. ④ 추가 상호작용: 설명이 부족하거나 오류가 있을 경우 반문 · 재질문하여 사고를 확장한다. 가령 "이 문장은 주장(X)과 근거(Y)를 연결하는 문장입니다. 그 이유를 설명하세요"와 같은 프롬프트를 제시하고, 학습자가 AI 설명을 평가·수정한다. 다만 이 방식은 AI의 설명이 부정확하거나 문맥 정보가 부족하면 학습자가 오류를 인지하지 못할 수 있다. 이에 교수자는 상호작용 중 수시 점검하며 보완해야 하며, 정교한 프롬프트 설계는 필수적이다.

넷째, 단계적 통합 및 인지 형성 시기 조정 전략이다. 이 전략은 학습 초기에는 AI를 배제하여 자기조절 쓰기 역량을 먼저 형성하고, 이후 점진적으로 AI를 통합하는 계획적·단계적 접근 방식이다. 이는 학습 초기 단계에 인지적 훈련을 충분히 거친 뒤 AI를 활용하면, 인지적 성과와 동기 향상이 더 크다는 연구 결과(Akgun & Toker, 2025)와 맥을 같이 한다.

이 전략의 구성 절차는 다음과 같다. ① 도입 단계(예. 1~3주차): AI 없이 글쓰기 구조와 자기조절 쓰기 전략을 '계획-수행-성찰' 단계로 훈련한다. ② 전개 단계(예. 4~6주차): 내용 구성·구조화 단계에서 제한적으로 AI를 도입한다. ③ 심화·정리 단계(예. 7주차 이후): 글쓰기 전 과정에 AI를 통합하되, AI 결과물과 함께 자기 해석 보고서를 제출하게 한다. 가령 학습 도입 단계에는 글쓰기 계획·수행·성찰을 AI 없이 진행하고, 중반 이후부터 특정 단계(예. 개요 작성, 아이디어 확장)에만 AI를 활용한다. 심화 · 정리 단계에는 전체 과정에서 AI를 활용하되, 결과물에 대한 학습자 해석 보고서를 함께 제출하게 한다. 다만 이 방식은 일부 학습자(자기주도성 부족, 낮은 쓰기 효능감, 낮은 쓰기 역량 등)는 초기 단계의 AI 배제가 오히려 쓰기 불안, 좌절감을 유발할 수 있다. 이에 교수자는 학습자 맞춤형 지원과 스캐폴딩(scaffolding)을 제공해야 한다(황순희, 2023; Hwang, 2025a, 2025b).

그리고 AI 윤리 및 공정성 교육도 필요하다. 이는 알고리즘 편향, AI의 결정 불투명성, 개인 정보 노출 등 AI의 위험 요소를 학습자가 비판적으로 인식하도록 돕는다. 가령 AI가 실제로 존재하지 않는 논문을 인용하며 작성한 보고서 사례를 분석하고 그 원인, 책임 주체 및 대응 방안 등에 대해 학습자 스스로 생각하고 논의할 수 있도록 유도할 수 있다.

참고문헌

황순희(2023). "공과대학생의 쓰기 효능감이 쓰기 메타인지전략과 쓰기 불안에 미치는 영향". 《공학교육연구》, 26(2), 32~44쪽.

황순희(2025a). "공과대학생을 위한 생성형 AI 기반 자기조절쓰기의 효과와 전략". 《한국공학교육학회 2025 공학교육학술대회 발표논문집》. 44~45쪽.

황순희(2025b). 《AI와 자연 언어》. 커뮤니케이션북스.

Akgun, M. & Toker, S.(2025). Struggle First, Prompt Later: How Task Complexity Shapes Learning with GenAI-Assisted Pretesting. arXiv preprint arXiv:2504.10249.

Aladini, A. et al.(2025). Self-directed writing development across computer/AI-based tasks: Unraveling the traces on L2 writing outcomes, growth mindfulness, and grammatical knowledge. *Computers in Human Behavior Reports, 17*, 100566.

Fan, Y. et al.(2025). Beware of metacognitive laziness: Effects of generative artificial intelligence on learning motivation, processes, and performance. *British Journal of Educational Technology, 56*(2), pp.489~530.

Graham, S. & Harris, K. R.(1989). Components analysis of cognitive strategy instruction: Effects on learning disabled students' compositions and self-efficacy. *Journal of Educational Psychology, 81*(3), pp.353~361.

Hwang, S.(2025a). The Interplay of Mindset, Feedback Perception, and Academic Emotion Regulation in Undergraduates' Self-Regulated Writing Ability. *Education Sciences, 15*(7), 804.

Hwang, S.(2025b). Unpacking the Impact of Writing Feedback Perception on Self-Regulated Writing Ability: The Role of Writing Self-Efficacy and Self-Regulated Learning Strategies. *Behavioral Sciences, 15*(2), 100.

Joshi, N. & Vogel, D.(2025). Writing with ai lowers psychological ownership, but longer prompts can help. arXiv preprint arXiv:2404.03108.

Kasneci, E. et al.(2023). ChatGPT for good? On opportunities and challenges of large language models for education. *Learning and individual differences, 103,* 102274.

Kim, T. W. & Tan, Q.(2023). Repurposing Text-Generating AI into a Thought-Provoking Writing Tutor. arXiv preprint arXiv:2304.10543.

Kosmyna, N. et al.(2025). Your Brain on ChatGPT: Accumulation of Cognitive Debt when Using an AI Assistant for Essay Writing Task. arXiv preprint arXiv:2506.08872.

Lan, M. & Zhou, X.(2025). A qualitative systematic review on AI empowered self-regulated learning in higher education. *npj Science of Learning, 10*(1), 21.

Mazı, A. & Mazı, A.(2025). Developing self-regulated artificial intelligence learning (SRAIL) Student Attitudes Scale. *Acta Psychologica, 258,* 105227.

Nguyen, A. et al.(2024). Hybrid intelligence in academic writing: examining self-regulated learning patterns in an AI-assisted writing task. *HHAI 2024: Hybrid Human AI Systems for the Social Good,* pp.241~254. IOS Press.

Risko, E. F. & Gilbert, S. J.(2016). Cognitive offloading. *Trends in cognitive sciences, 20*(9), pp.676~688.

Salomon, G. & Perkins, D. N.(1998). Chapter 1: Individual and social aspects of learning. *Review of research in education, 23*(1), pp.1~24.

Schunk, D. H. & Greene, J. A.(2017). Historical, contemporary, and future perspectives on self-regulated learning and performance. *Handbook of self-regulation of learning and performance,* pp.1~15. Routledge.

Shi, J. et al.(2025). Exploring How AI Literacy and Self-Regulated Learning Relate to Student Writing Performance and

Well-Being in Generative AI-Supported Higher Education. *Behavioral Sciences, 15*(5), 705.

Shibani, A. & Buckingham Shum, S.(2024). AI-Assisted Writing in Education: Ecosystem Risks and Mitigations. *Proceedings of the Third Workshop on Intelligent and Interactive Writing Assistants*, pp.4~6.

Singh, A. et al.(2025). Enhancing Critical Thinking in Generative AI Search with Metacognitive Prompts. arXiv preprint arXiv:2505.24014.

Song, C. & Song, Y.(2023). Enhancing academic writing skills and motivation: assessing the efficacy of ChatGPT in AI-assisted language learning for EFL students. *Frontiers in Psychology, 14*, 1260843.

Tankelevitch, L. et al.(2024). The metacognitive demands and opportunities of generative AI. *Proceedings of the 2024 CHI Conference on Human Factors in Computing Systems*, pp.1~24.

Teng, F. & Huang, J.(2019). Predictive effects of writing strategies for self-regulated learning on secondary school learners' EFL writing proficiency. *TESOL Quarterly, 53*(1), pp.232~247.

Zeitlhofer, I. et al.(2023). Effects of cognitive and metacognitive prompts on learning performance in digital learning environments. *Knowledge, 3*(2), pp.277~292.

Zimmerman, B. J.(2000). Attaining self-regulation: A social cognitive perspective. *Handbook of self-regulation*, pp.13~39. Academic press.

Zimmerman, B. J.(2002). Becoming a self-regulated learner: An overview. *Theory into practice, 41*(2), pp.64~70.

09
목적 지향 말하기와 AI

인간은 단순히 말하지 않는다. 우리는 설명하고, 설득하며, 때로 감동을 주기 위해 말한다. 목적 지향 말하기는 단순한 내용 생성이 아니라 발화 전략, 화용적 판단과 청자 조절이 결합된 행위다. AI는 효과적인 말하기를 위해 내용 구성, 문장 표현, 피드백 제공 등을 지원할 수 있지만 비언어적 요소 분석, 청자 반응 해석, 담화 구조의 맥락적 조정에는 여전히 취약하다. 즉 AI는 '무엇을 말할 것인가'에 능하지만, '어떻게', '왜' 말할 것인가 조율하는 데에는 한계가 있다.

AI와 기자?

AI가 지원하는 목적 지향 말하기 교육의 효과

말하기는 인간의 핵심적인 사회적 기능 중 하나로, 단순한 언어 산출을 넘어 설명 · 설득 · 공감 · 협상 등 특정 목적을 달성하기 위한 의사소통적 상호작용이다.

가령 대학생의 발표 · 토의 · 토론 · 면접 · 면담과 같이 명확한 목적을 가진 목적 지향 말하기(purpose-driven speaking)는 '목적 중심 담화' 관점을 기초로 한 구어 산출로(황순희, 2019), 담화 구성, 맥락에 따른 메시지 조직, 발화 유창성, 청중 인식, 비언어적 표현력, 자기 점검 등을 포괄하는 복합적 담화 역량을 필요로 한다(Lucas, 2004).

최근 AI 기술은 목적 지향 말하기 교육의 실질적 지원자로 자리 잡고 있다. 자동 음성 인식(automatic speech recognition, ASR)과 대규모 언어 모델을 활용하면, 가령 담화의 논리적 구조(도입-전개-결론, 주장-근거-예시, 인과, 점층 등)는 물론이고 발화 속도, 채움어(filler words, '음', '어', '뭐랄까' 등), 정지 구간, 억양 등 유창성 요소까지 실시간으로 분석 · 피드백을 받을 수 있다. 이러한 기술은 시 · 공간 제약 없는 연습 환경, 무제한 반복 연습, 맞춤형 실시간 피드백을 제공하여 자기 점검과 자기주도적 학습을 촉진한다(Chen et al., 2025; Luckin et al., 2016; Lyu, et al., 2025). 반면 AI가 제공하는 연습 기회의 질과 피드백 품질에 대해 학습자 불만과 심리적 부담도 일부 보고되어(Chen et al., 2025), 사용자의 활용 방식에 따라 교육 효과의 편차가 큼을 알 수 있다(Lyu et al., 2025). 즉 AI 기반 말하기 교육의 효과는 기술의 도입 자체뿐만 아니라 피드백의 맥락 적합성, 학습자의 활용 방식 및 태도, 심리적 반응 등 다양한 변인의 영향을 받는다.

또한 Yoodli 등 상용 AI 도구는 표정, 제스처, 시선 등 일부 비언어적 표현까지 자동 탐지, 피드백 할 수 있지만, 실제 교육 현장에서 비언어적 요소의 정밀한 자동 평가, 감성 분석(sentiment analysis), 청중 인식, 담화 구조의 맥락적 해석 등은 아직 시범 적용 단계에 있다. 그럼에도 불구하고 AI 기반 말하기 교육의 긍정적 효과는 반복적으로 보고되고 있다. 생성형 AI(챗GPT 등)는 실제 언어 학습자에게 연습 기회, 즉각적 피드백, 맥락화된 대화, 자기주도적 학습 환경 등을 제공하고(Chen et al., 2024), 영어를 비롯한 외국어 말하기 연습에서 발화 유창성, 담화 구성, 자기 점검, 반복 학습 등에 효과적이다(Lyu et al., 2024; Wei, 2023). 또한 가령 MIT의 MACH 등 면접 코칭 AI는 약화 표현(예. 자신의 주장 · 진술 ·

감정 표현의 강도를 낮추기 위해 사용하는 표현, 'uhm…', '제가 잘 모르지만…', '이게 맞는지 모르겠지만…'), 시선 부족 등 언어적 · 비언어적 오류를 감지 · 교정하며 면접 자신감과 유창성 향상에 기여하였다(Hoque et al., 2013). 그리고 AI 기반 발표 진단 시스템은 발표 구조화와 전달력 향상에 효과적이며, 대화형 AI는 말하기 불안 감소, 학습 동기 강화, 발화 지속 의향 상승 등 심리적 · 정의적 측면에서 긍정적 효과가 있다(Ericsson & Johansson, 2023). 이는 학습자가 인간 청중 대신 AI와 연습함으로써 심리적 안정감을 얻고, 반복적인 발표 시도가 가능했기 때문이다.

반면 감성 분석을 활용한 실시간 청중 반응 예측이나 비언어적 정보의 맥락적 해석과 같은 고도화 기능은 아직 실험적 단계로 사회 · 문화적 차이를 반영하기에는 한계가 있다(Guan et al., 2024). 이처럼 AI의 목적 지향 말하기 지원 효과는 담화 구조, 유창성, 피드백, 반복 학습 등에 강점이 있지만 청중 인식, 비언어적 · 정서적 피드백, 맥락적 의미 읽기 등은 인간 교수자와의 협업 및 심화 연구가 필요하다(Holmes et al., 2019; Luckin et al., 2016).

AI와 목적 지향 말하기: 한계와 과제

AI는 목적 지향 말하기에서 자기주도적 학습 환경 조성을 지원하지만 기술적 · 교육적 한계가 있다.

첫째, 제스처 · 표정 등 비언어적 표현의 분석 정확도는 여전히 낮으며, 발표 맥락을 충분히 반영하지 못할 경우 부적절한 피드백이 제공될 수 있다. 더불어 학습자가 AI의 피드백을 절대적 기준으로 받아들이면 자기 성찰이 약화되고, AI에 과도하게 의존하는 문제가 발생할 수 있다(Holmes et al., 2019; Wei, 2023).

둘째, 감성 분석은 발표자 발화를 기반으로 청중 반응을 예측하는 데 유용할 수 있다. 즉 AI는 발표자 스크립트의 의견 · 태도 · 감정 등 표면적 특성을 자동으로 판별하여 발화의 전달 효과 및 청중 친화도를 간접적으로 평가할 수 있다. 하지만 어휘 단위 감성 분석은 문맥 · 어조 · 문장 구조(특히 강조, 부정, 비유 등) 등 복합적 언어 기능을 충분히 반영하지 못하는 구조적 한계가 있다(Cambria et al., 2022; Zhang & Liu, 2023). 가령 발표자의 "이 연구는 몇 가지 한계가 있습니다"는 학술적 반성 및 논증임에도 '한계'라는 어휘만으로 부정 감정으로 분류될 수 있고, "현재 지구 온난화는 매우 심각한 수준입니다"와 같은 경고적 사실 제시는 '심각한'이라는 단어로 인해 부정적으로 해석될 수 있다. 즉 텍스트 기반 감성 분석은 청중의 내면적 반응, 감정, 맥락적 상호작용 등을 실시간으로 정확히 예측하거나 다양한 계층 · 문화적 특성을 반영한 청중 이해에 한계가 있다.

셋째, AI 기반 말하기 교육에는 사회적 실재감(social presence) 부족의 근본적 한계가 존재한다. 학습 상황에서 사회적 실재감은 상대가 실제로 함께 존재하며 상호작용하고 있다는 느낌을 뜻하며, 학습자의 만족도와 상호작용의 질에 밀접한 영향을 미친다. AI가 제공하는 심리적 안정감만으로 실제 인간과의 상호작용에서 형성되는 사회적 맥락과 정서적 피드백을 완전히 대체하기는 어렵다(Weidlich & Bastiaens, 2017).

AI 기반 말하기 교육과 비판적 수용 역량: AI 리터러시와 피드백 리터러시

AI 피드백을 포함한 피드백 수용 방식은 AI 기반 의사소통(말하기, 글쓰기) 학습(교육) 효과에 영향을 미치는 핵심 요인 중 하나다(Hwang, 2025a, 2025b; Pearson, 2022). 실제로 AI가 제공한 피드백을 학습자가 어떻게 인식 · 해석 · 수용 · 적용하는지가 말하기와 글쓰기 등 다양한 언어 능력의 자기주도적 성취와 직결된다

(Hwang, 2025b; Wei, 2023).

특히 말하기와 같이 정답이 하나로 수렴되지 않는 담화 중심 과제에서는 학습자가 AI의 피드백을 정답으로 수용하기보다 그 판단과 제안의 맥락 적합성 · 타당성을 비판적으로 성찰하고, 자신의 의사소통 전략에 맞게 재구성하는 역량이 중요하다. 이러한 역량은 AI 리터러시(AI literacy; Ng, 2021)와 피드백 리터러시(feedback literacy; Carless & Boud, 2018)로 설명될 수 있다. AI 리터러시는 AI의 작동 방식과 한계를 이해하고, AI가 생성한 결과를 비판적 사고를 기반으로 활용하는 능력을 뜻하고(Ng, 2021), 피드백 리터러시는 피드백을 이해 · 해석하고, 수용 여부를 판단하며, 자신의 수행에 적절히 적용할 수 있는 능력을 의미한다(Carless & Boud, 2018). 즉 학습자는 AI 피드백을 단순히 수용, 무조건 반영하는 것이 아니라, "왜 이런 평가가 제시되었는가?", "이 제안이 내 발표 맥락에 적절한가?" 등의 성찰적 질문을 통해 스스로 판단 · 조정하는 비판적 수용 역량을 갖춰야 한다.

실제로 AI 언어 모델이나 발표 분석 AI의 피드백이 대체로 '중립적' 언어로 표현되지만 많은 학습자(특히 발표 경험이 적거나 말하기 불안이 높은 집단)는 이를 객관적 · 권위적 자문으로 간주해 무비판적으로 수용 · 적용하는 경향이 있다(Hansen et al., 2025). 이는 전략적 선택, 맥락에 따른 반응, 자기주도적 메시지 구성 등 말하기에 필수적인 의사소통 조절 능력을 약화시킬 우려가 있다. 이에 말하기 교육에도 AI 피드백의 비판적 · 성찰적 수용을 강화하는 교수자의 메타인지적 지원 전략이 필요하다.

첫째, AI 피드백 분석 활동을 설계한다. 작성한 발표문에 대해 AI가 제공한 피드백을 학습자가 수용 · 수정 · 거부 중 하나로 분류하고, 그 판단 근거를 서면 또는 구두로 작성해 본다. 즉 피드백에 대한 근거를 설명하는 활동이 피드백 리터러시 형성의 핵심이다(Carless & Boud, 2018). 이 과정을 통해 학습자는 AI 피드백에 대한 판단 근거를 명확히 하고, 자신의 의사결정 과정을 가시화 · 성찰하며 피드백 리터러시를 강화할 수 있다.

둘째, 청중 맥락 비교 과제를 활용한다. 먼저 전문가 · 학생 · 일반 대중 등 청중 유형을 여럿 가정한 뒤, 동일한 발표 내용에 대해 AI가 제안한 표현이나 구조가 각 청중 맥락에 얼마나 적절한지를 분석해 본다. 학습자는 AI 피드백을 맥락별로 분류하고, 각 청중에게 효과적인 표현, 내용인지 여부를 판단한 뒤 그 근거를 설명한다. 이를 통해 학습자는 AI가 제공한 정보를 그대로 수용하는 것이 아니라 청중의 기대, 배경 지식, 전달 목적 등을 고려해 표현과 내용을 선별하고 재구성하는 능력을 기르게 된다. AI 리터러시 교육의 핵심은 학습자가 AI 피드백의 맥락 적합성을 비판적으로 평가하고, 자신만의 발표 전략에 맞게 조정하는 능력이다(Ng, 2021).

셋째, 성찰적 프롬프트를 제공하여 성찰적 수용을 유도한다. 학습자가 AI 피드백을 무비판적으로 수용하는 것을 방지하고, 피드백의 타당성과 목적 적합성을 고민할 수 있도록 성찰 유도 질문을 제시한다. 가령 "이 피드백은 왜 주어졌고 타당한가?", "이 피드백은 내 발표 목적에 부합하는가?", "청중은 이 내용과 표현을 어떻게 받아들일까?" 등과 같은 프롬프트는 메타인지 기반 피드백 해석 전략(Sutton, 2012)으로, AI 기반 피드백을 단순 오류 수정 도구가 아닌 의미 협상과 전략 조정의 계기로 전환시키는 데 기여한다. 이러한 과정을 통해 AI의 한계를 이해하고, 피드백 결과의 맥락 적합성을 비판적으로 판단·적용하는 역량을 기르게 된다(Carless & Boud, 2018; Ng, 2021).

피드백의 비판적 수용과 분석은 모든 교육 맥락에서 중요하지만, AI 기반 말하기 교육에서는 특히 발표 전략 조정과 자기 성찰을 위한 핵심 요소로 작용한다. 성찰 과제, 프롬프트, 맥락 비교 등 교수자의 설계적 지원이 병행될 때 그 효과는 극대화 될 수 있다(Nicol & Macfarlane-Dick, 2006; Sutton, 2012).

참고문헌

한송희(2023). "대화형 생성 AI(인공지능) ChatGPT를 활용한 한국어 말하기 연구: 역할극 중심으로, Talk-to-ChatGPT 사용하여, AIPRM-for-ChatGPT 활용까지". 《학습자중심교과교육연구》, 23(18), 651~674쪽.

황순희(2019). "공과대학생의 '말하기 능력'에 대한 인식과 평가". 《공학교육연구》, 22(3), 18~31쪽.

황순희(2025). 《AI와 자연 언어》. 커뮤니케이션북스.

Cambria, E. et al.(2022). SenticNet 7: A commonsense-based neurosymbolic AI framework for explainable sentiment analysis. *In Proceedings of the Thirteenth Language Resources and Evaluation Conference*, pp.3829~3839.

Carless, D. & Boud, D.(2018). The development of student feedback literacy: enabling uptake of feedback. *Assessment & Evaluation in Higher Education, 43*(8), pp.1315~1325.

Chen, Z. et al.(2025). Generative AI technology and language learning: global language learners' responses to ChatGPT videos in social media. *Interactive Learning Environments*, pp.1~14.

Ericsson, E. & Johansson, S.(2023). English speaking practice with conversational AI: Lower secondary students' educational experiences over time. *Computers and Education: Artificial Intelligence, 5*, 100164.

Guan, L. et al.(2024). AI in informal digital English learning: A meta-analysis of its effectiveness on proficiency, motivation, and self-regulation. *Computers and Education: Artificial Intelligence, 7*, 100323.

Hansen, R. R. et al.(2025). The effects of an AI feedback coach on students' peer feedback quality, composition, and feedback experience. *Tidsskriftet Læring Og Medier, 18*(31), pp.1~31.

Holmes, W. et al.(2019). *Artificial Intelligence in Education: Promises and Implications for Teaching and Learning*. Center for Curriculum Redesign.

Hoque, M. et al.(2013, September). MACH: My automated conversation coach. *Proceedings of the 2013 ACM international joint conference on Pervasive and ubiquitous computing*, pp.697~706. ACM.

Hwang, S.(2025a). The Interplay of Mindset, Feedback Perception, and Academic Emotion Regulation in Undergraduates' Self-Regulated Writing Ability. *Education Sciences, 15*(7), 804.

Hwang, S.(2025b). Unpacking the Impact of Writing Feedback Perception on Self-Regulated Writing Ability: The Role of Writing Self-Efficacy and Self-Regulated Learning Strategies. *Behavioral Sciences, 15*(2), 100.

Lucas, S. & Stob, P.(2004). *The art of public speaking*. McGraw-Hill.

Luckin, R. et al.(2016). *Intelligence Unleashed: An Argument for AI in Education*. Pearson.

Lyu, B. et al.(2025). Effectiveness of Chatbots in Improving Language Learning: A Meta-Analysis of Comparative

Studies. *International Journal of Applied Linguistics, 35*(2), pp.834~851.

Ng, D. T. K. et al.(2021). Conceptualizing AI literacy: An exploratory review. *Computers and Education: Artificial Intelligence, 2*, 100041.

Nicol, D. J. & Macfarlane-Dick, D.(2006). Formative assessment and self-regulated learning: A model and seven principles of good feedback practice. *Studies in higher education, 31*(2), pp.199~218.

Pearson, W. S.(2022). The mediating effects of student beliefs on engagement with written feedback in preparation for high-stakes English writing assessment. *Assessing Writing, 52*, 100611.

Sutton, P.(2012). Conceptualizing feedback literacy: Knowing, being, and acting. *Innovations in Education and Teaching International, 49*(1), pp.31~40.

Wei, L.(2023). Artificial intelligence in language instruction: impact on English learning achievement, L2 motivation, and self-regulated learning. *Frontiers in psychology, 14*, 1261955.

Weidlich, J. & Bastiaens, T. J.(2017). Explaining social presence and the quality of online learning with the SIPS model. *Computers in Human Behavior, 72*, pp.479~487.

Zhang, L. & Liu, B.(2023). Sentiment analysis and opinion mining. *Encyclopedia of Machine Learning and Data Science*, pp.1~13. Springer.

10
언어적 불평등과 AI

AI는 누구의 언어를 말하고, 누구의 언어를 배제하는가? AI는 중립적이지 않다. AI가 생성한 콘텐츠는 수많은 언어 데이터를 학습한 결과물로 그 학습 데이터에는 표현의 비대칭성, 사회적 편향, 문화적 위계가 반영되어 있다. 대부분의 언어 모델은 영어, 특히 미국식 표준 영어에 기반한 대규모 코퍼스를 중심으로 훈련된다. 이로 인해 AI는 소수 언어를 비롯해 구어체 발화, 방언, 개인어 등을 충분히 이해하지 못한다. 더 나아가 이들 표현은 종종 '비정상적 데이터'로 간주 · 삭제되거나 필터링된다.

AI와 미래 의사?

언어적 불평등, 디지털로 확장되다

과거, 언어 간 접촉은 상업·문화 교류를 통해 자연스럽게 이루어졌고, 원활한 소통을 위해 공용어, 즉 링구아 프랑카(lingua franca)가 사용되었다.

중세 지중해의 실용 언어였던 링구아 프랑카와 마찬가지로 현대의 링구아 프랑카는 단연 영어일 것이다. 그러나 이러한 영어 중심주의는 언어적 불평등(linguistic inequality)을 초래하고 더 나아가 언어적 정의 실현을 저해할 수 있다. 언어적 불평등은 특정 언어나 언어 사용 방식이 다른 언어보다 더 큰 가치와 권위가 있다고 간주하는 사회 구조, 그리고 이러한 구조 하에 자원과 기회의 불균형한 배분에서 비롯된다(Phillipson, 1992; Van Parijs, 2011). 또한 언어적 정의는 단순히 언어 선택의 자유를 인정하는 것을 넘어서 사회적 비용, 권력, 정보 접근 등 다양한 자원의 공정한 배분을 요구하며, 언어적 불평등 해소를 위한 사회적 노력까지 포괄한다(Van Parijs, 2011).

최근 디지털 기술이 일상 언어 활동에 깊이 개입하면서, 언어적 불평등은 오프라인을 넘어 디지털 영역에서 더욱 확산되고 있다. 특히 AI 시대의 디지털 격차(digital divide)는 단순한 정보 접근의 문제를 넘어, 개인의 실존적 배제와 사회적 스티그마(stigma, 낙인)의 재생산이라는 새로운 양상으로 나타나기도 한다. 특히 AI 언어 모델은 학습 데이터에 내재된 사회적 편향을 알고리즘적으로 재현하여, 정보 접근성, 표현의 자유, 언어 권리(특히 소수 언어 · 비표준어 사용자의 권리)에까지 영향을 미치며, 기존 불평등을 고착화 또는 심화시키는 구조적 위험을 내포한다(Bender et al., 2021; Nee et al., 2022). 언어적 불평등은 언어 간 불균형, 언어 내 불균형, 문화 · 사회적 편향 등 몇 가지 양상으로 나타날 수 있다.

첫째, AI는 영어 · 중국어 · 스페인어 등 고자원 언어 기반 자동 번역 · 챗봇 · 음성 인식 등 다양한 서비스에서 높은 성능을 보인다. 반면 저자원 언어는 시스템의 품질이 현저히 낮다. 가령 Google Translate는 저자원 언어[예. Sorani Kurdish, 소라니 방언(쿠르드어)]에 대해 핵심 의미 전달 측면에서 낮은 품질을 보였고, 특히 비서구 지역 언어에서 품질 저하가 두드러졌다(Muhealddin et al., 2024). 이러한 다국어 번역 품질 격차는 언어 간 디지털 접근성의 불평등을 심화시킨다(Ruder et al., 2019).

둘째, 특정 언어 내에서도 표준어가 아닌 방언 · 비문법적 표현 · 구어 · 속어 등은 AI 모델에서 배제되거나 부정확하게 인식 · 처리되는 경우가 많다. 이른바 언어 내 불균형 현상이다. 가령 미국 영어 기반 언어 모델은 아프리카계 미국 영어(African-American English, AAE)를 표준 영어로 제대로 식별하지 못하거나, 그 처리 정확도가 현저히 낮다. 실제로 AAE 사용자의 트윗은 기존 자연어 처리 시스템에서 오분류되거나 누락 비율이 높았다(Blodgett & O'Connor, 2017). 특히 소수 집단의 언어가 표준에서 벗어났다는 이유로 AI 시스템이 자동으로 삭제 · 정제할 경우 표현의 다양성이 훼손될 우려가 있다.

셋째, 언어는 단순한 의사소통 수단을 넘어 정체성과 권력 구조를 내포한다. AI가 특정 인종 · 성별 · 계층에 대한 언어적 고정 관념과 사회 · 문화적 편향을 학습할 경우, 이는 텍스트 생성과 분석 결과에 그대로 재현된다. 가령 GPT-2 모델이 생성한 텍스트에 백인 남성에 대해 긍정적 표현이 많았던 반면, 여성과 유색 인종 집단에 대해서는 부정적 감정이 상대적으로 더 많이 반영되었다(Sheng et al., 2019). 또한 단어 임베딩 모델에서 'man : computer programmer = woman : homemaker'와 같은 성별 고정 관념적 유추가 확인되었는데(Zhao et al., 2017), 이는 AI 모델이 기존 사회의 성차별적 구조를 그대로 반영할 수 있음을 시사한다. 그리고 미국의 주요 음성 인식 시스템들 역시 백인 화자에 비해 아프리카계 미국인 화자의 발화를 인식할 때 평균 2배 이상의 오류율을 보였다(Koenecke et al., 2020). 이러한 편향은 언어 영역을 넘어 직업 추천, 범죄 예측, 인재 선발 등 실제 사회적 판단이 필요한 영역에서 AI가 차별적 결과를 초래할 수 있음을 시사한다.

언어적 불평등은 사회의 권력과 자원 분배 구조 속에서 특정 언어와 담화 방식이 제도적으로 우위를 점하고, 다른 언어와 화자가 체계적으로 배제되는 현상이다. 이러한 구조적 불평등은 디지털 기술과 AI 시스템의 설계 및 구현 과정에서 더욱 심화되거나 새로운 형태로 재생산되고 있다. 언어적 불평등이 AI 시스템 내에서 데이터의 불균형, 문화적 편향, 설계자의 관점 등 다양한 경로를 통해 체계적이고 반복적으로 재생산될 때, 이를 '언어적 편향'이라 부를 수 있다(Bender & Friedman, 2018; Bender et al., 2021).

언어적 편향의 구조적 원인: 데이터와 설계 과정의 불평등

언어적 편향은 단순한 기술적 오류가 아니라, AI의 학습 데이터와 훈련 과정에 내재한 사회·문화적 불균형이 반영된 구조적 결과다.

첫째, 언어별 데이터 격차와 자원 간 불균형이다. AI 언어 모델은 대규모 텍스트 코퍼스를 기반으로 학습되지만, 언어별 데이터의 양과 질에는 큰 차이가 있기 때문에 동일한 기술이라도 개별어에 따라 성능 격차가 발생한다.

둘째, 데이터에 내재된 세계관, 즉 문화적 편향 문제다. AI 언어 모델은 언어적 패턴뿐만 아니라 그 언어에 반영된 세계관과 문화적 가치까지 학습한다. 대부분의 대규모 언어 모델은 영어권 데이터를 기반으로 하며, 이는 비영어권 · 비서구 문화 사용자의 소외로 이어질 수 있다. 가령 대규모 언어 모델들은 자기표현, 개인주의, 서구적 합리주의와 같은 개신교 유럽 문화의 가치를 반영한 답변을 더 자주 생성하는 경향이 있다(Tao et al., 2024). 이처럼 AI는 단순한 데이터 재현을 넘어 특정 문화의 의미 체계까지 전이함으로써 다양한 문화권 사용자에게 부적절함이나 소외감을 유발할 수 있다.

셋째, AI 모델은 인간이 수집 · 선별한 데이터로 학습되며, 이 과정에서 개발자의 관점과 가치관이 반영된다. 특히 대규모 모델은 미국 · 영국 · 중국 등 기술 선진국 중심으로 개발되며, 개발자의 사회적 배경과 세계관이 모델의 편향 방향에 영향을 미칠 수 있다. 즉 AI의 중립성은 실제로는 설계자의 선택이 반영된 결과로, 개발자가 데이터의 출처, 의미, 사회적 함의 등을 충분히 고려하지 않으면, 기술은 기존의 사회적 불평등을 반복하거나 심화시킬 수 있다(Bender & Friedman, 2018).

디지털 기술이 언어적 정의를 구현하려면

AI와 자연어 처리 기술이 언어적 불평등을 심화시킬 우려가 있지만, 동시에 언어적 정의 구현을 촉진할 수 있다. 이를 위해 단순한 기술적 개선을 넘어서, 다언어 포용, 데이터 대표성 확보, 설계 과정의 투명성, 이해 당사자의 참여라는 다층적 접근이 필요하다.

첫째, 저자원 언어 포용을 위한 기술적·사회적 기반이 마련되어야 한다. 현재 AI 언어 모델은 고자원 언어 중심으로 학습되어 언어 간 성능 격차가 발생하고 있다. 이에 따라 XTREME(Hu et al., 2020), FLORES(Goyal et al., 2022)와 같은 다언어 벤치마크가 도입되어, 저자원 언어의 성능을 공정하게 평가·지원할 수 있는 기준이 마련되고 있다. 또한 데이터 증강, 전이 학습, 언어 간 파라미터 공유 등 다양한 기술적 접근도 시도되고 있다. 하지만 기술적 개선만으로는 한계가 있다. 저자원 언어의 데이터 부족은 단순한 기술적 문제가 아니라 언어 공동체와의 협력 부재, 데이터 소유권 미보장, 지역 주도의 거버넌스 부재에서 기인한다(Bird, 2020). 또한 개발자가 공동체와 파트너십을 맺지 않거나, 동의 없이 데이터를 수집·활용하면 데이터 식민주의가 발생할 수 있다. 진정한 언어적 정의는 기술 향상과 더불어 공동체의 자율성, 참여, 데이터 주권 보장이 함께 이루어질 때 실현된다.

둘째, 데이터의 대표성과 투명성 실현이 필수적이다. AI 언어 모델의 공정성은 학습 데이터의 출처·구성·방식 등에 따라 달라진다. 따라서 개발자는 데이터 명세서(data statements)를 통해 어떤 언어와 문화가 반영되었는지를 명확히 인식해야 한다(Bender & Friedman, 2018). 그러나 실제 산업 현장에서는 상업적 기밀, 법적 리스크, 시간·비용 부담 등의 이유로 명세서 작성이 형식에 그치거나 비공개되는 경우가 많다. 최근 BigScience 프로젝트(Laurençon et al., 2022)처럼, 다양한 언어와 사회적 맥락을 고려해 공개적으로 데이터를 구축하고, 민주적 거버넌스를 실험하려는 시도도 이루어지고 있다. 하지만 이러한 방식이 글로벌 표준으로 자리 잡기 위해서는 법적·제도적 기반과 이해관계자 간 신뢰 구축이 필요하다. 즉 데이터 대표성과 투명성은 기술만으로는 달성되지 않으며, 사회적·정치적 실천이 병행되어야 한다.

셋째, 언어적 정의를 구현하는 기술은 개별 언어의 문화적 의미와 세계관을 존중해야 한다. 대규모 언어 모델은 영어권 및 서구 문화 가치에 정렬된 답변을 더 자주 생성하며, 이는 비서구권 사용자에게 문화적 소외를 야기할 수 있다. 이를 위해 문화적 프롬프트를 적용하면 사용자의 문화적 배경에 더 적합한 응답을 유도할 수 있는 개선 가능성이 확인되었다(Tao et al., 2024). 그러나 이 역시 완전한 해법이 아니다. 서로 다른 언어와 문화의 가치가 충돌할 때, AI가 어떤 기준에 따라 응답을 생성해야 할지, 윤리적 다원주의와 글로벌 표준 간의 긴장은 실제 서비스 설계에서 해결하기 어려운 딜레마다.

결국 언어적 정의의 구현은 단순한 기술 성능 문제가 아니라, 데이터 수집부터 알고리즘 설계, 서비스 운영에 이르는 전 과정에서 언어 공동체, 사용자, 정책 입안자, 개발자 등 다양한 이해 당사자의 참여와 민주적 통제, 사회적 신뢰 구축이 핵심이다. 이는 '누구를 위한 기술인가?'라는 윤리적 질문에 대한 사회적 합의와 실천이 있을 때 비로소 가능하다.

참고문헌

Bender, E. M. & Friedman, B.(2018). Data statements for natural language processing: Toward mitigating system bias and enabling better science. *Transactions of the Association for Computational Linguistics, 6*, pp.587~604.

Bender, E. M. et al.(2021). On the dangers of stochastic parrots: Can language models be too big?. *Proceedings of the 2021 ACM conference on fairness, accountability, and transparency*, pp.610~623.

Bird, S.(2020). Decolonising speech and language technology. *28th International Conference on Computational Linguistics, COLING 2020*, pp.3504~3519. Association for Computational Linguistics (ACL).

Blodgett, S. L. & O'Connor, B.(2017). Racial disparity in natural language processing: A case study of social media african-american english. arXiv preprint arXiv:1707.00061.

Goyal, N. et al.(2022). The flores-101 evaluation benchmark for low-resource and multilingual machine translation. *Transactions of the Association for Computational Linguistics, 10*, pp.522~538.

Hu, J. et al.(2020). Xtreme: A massively multilingual multi-task benchmark for evaluating cross-lingual generalisation. *International conference on machine learning*, pp.4411~4421. PMLR.

Koenecke, A. et al.(2020). Racial disparities in automated speech recognition. *Proceedings of the national academy of sciences, 117*(14), pp.7684~7689.

Laurençon, H. et al.(2022). The bigscience roots corpus: a 1.6TB composite multilingual dataset. *Advances in Neural*

Information Processing Systems, 35, pp.31809~31826.

Muhealddin, D. R. et al.(2024). A Linguistic Evaluation of Google Translate Between Human and Machine Translation for English-Sorani Kurdish Languages Using Natural Language Processing (NLP). *Passer Journal of Basic and Applied Sciences, 6*(2), pp.351~368.

Nee, J. et al.(2022). Linguistic justice as a framework for designing, developing, and managing natural language processing tools. *Big Data & Society, 9*(1), 20539517221090930.

Phillipson, R.(1992). *Linguistic imperialism.* Oxford University Press.

Ruder, S. et al.(2019). A survey of cross-lingual word embedding models. *Journal of Artificial Intelligence Research, 65*, pp.569~631.

Sheng, E. et al.(2019). The Woman Worked as a Babysitter: On Biases in Language Generation. *Proceedings of the 2019 Conference on Empirical Methods in Natural Language Processing and the 9th International Joint Conference on Natural Language Processing (EMNLP-IJCNLP)*, pp.3407~3412. Association for Computational Linguistics.

Tao, Y. et al.(2024). Cultural bias and cultural alignment of large language models. *PNAS nexus, 3*(9).

Van Parijs, P.(2011). *Linguistic Justice for Europe and for the World.* Oxford University Press.

Zhao, J. et al.(2017). Men Also Like Shopping: Reducing Gender Bias Amplification using Corpus-level Constraints. *Proceedings of the 2017 Conference on Empirical Methods in Natural Language Processing (EMNLP)*, pp.2979~2989. Association for Computational Linguistics.

황순희

홍익대학교 교양과 부교수다. 프랑스 파리 8대학 언어과학(박사), 프랑스 루앙대학교 외국어교수법(석사), 이화여자대학교 불어불문학과(학사)를 졸업했다. 귀국 후 부산대학교 U-Port IT 산학공동사업단+정보컴퓨터공학부에서 박사 후 연수연구원으로 연구했다. 2025년 현재, 한국공학교육학회 학술지 《공학교육연구》 편집위원, 한국교양기초교육원 대학교양기초교육컨설팅 컨설턴트, 다수의 해외 학술지(International Journal of Engineering Education, Behavioral Sciences 등) 논문 심사위원으로 활동 중이다. 한국공학교육학회 이병기우수논문상(2023, 2017)과 수차례 우수발표논문상을 수상했다. 프랑스어 의미론 연구를 시작으로 자연어 처리, 언어 장애, 언어 습득 관련 다수의 연구 과제를 수행했고, 공학교육과 의사소통교육으로 연구 지평을 확대해왔다. “Scoping review of studies on affective–psychological and social characteristics of South Korean engineering students”(2025), “Unpacking the impact of writing feedback perception on self-regulated writing ability”(2025), “Differences in academic persistence intentions among STEM undergraduates in South Korea”(2024) 등 100편 이상의 논문을 SCI(E), SSCI, SCOPUS, KCI 급 학술지에 발표했고, 《AI와 자연 언어》(2025) 등 다수의 저역서를 출간했다.